Webseiten erstellen ohne Rechts-Stress
Was Sie über Datenschutz,
Urheberrecht, Haftung & Co. wissen
sollten

von Rechtsanwältin Dr. Christiane
Tischer

1. Auflage Dezember 2016

Herausgeber:

persad UG (haftungsbeschränkt),

Gellertstraße 83, 74074 Heilbronn

Inhalt

Einleitung 4

Warum Sie sich mit Recht beschäftigen sollten, wenn Sie eine Webseite betreiben ...4

Basics 15

Wann gilt für Ihre Webseite deutsches Recht? 15

Name und Domain 17

Impressum 32

Inhalt des Impressums 36

Impressum platzieren 50

Datenschutzerklärung 53

Kontaktformular 67

Cookie-Hinweis 72

Disclaimer und "Keine Abmahnung ohne Kontakt" 75

NEU: Datenschutz-Grundverordnung 81

Haftung für Webseiteninhalte 96

"Wissen und Wollen" von Rechtsverletzungen anderer 97

Haftung für Framing.......................................99

Haftung für Links..105

Urheberrechtlicher Schutz für Content 120

Texte auf der Webseite – Werk oder nicht Werk, das ist hier die Frage 125

Fotos und Bilder..135

Urheberrechtlicher Schutz für Bilder und Fotos 135

Stockfotos – Bilder auf Vorrat....................143

Fotos unter CC-Lizenz 145

Fotos und Social Media..............................149

Videos einbinden 151

Online-Marketing mit der Webseite.............157

E-Mail-Marketing.......................................158

Marketing mit WhatsApp-Newsletter 166

Popup-Fenster 171

Tracker und Analytics................................174

Social Media, Facebook-Plugins & Co. 190

Und sonst noch so...197

Zeitungsartikel 197

Anfahrtskizze...200

Erwischt: Catch All 202

Außergerichtliches und Prozessuales 207

Reaktion auf eine Abmahnung 223

Einstweiliges Verfügungsverfahren 236

Hauptsacheverfahren 245

Vollstreckung 251

Wie geht es weiter? 256

Über die Autorin 262

Copyright und weitere Infos 265

Einleitung

Warum Sie sich mit Recht beschäftigen sollten, wenn Sie eine Webseite betreiben

Sie betreiben eine Webseite oder planen, dies zu tun. Oder Sie erstellen Webseiten und wollen sich einen Überblick über die rechtliche Lage verschaffen. Ich gehe daher davon aus, dass Sie unternehmerisch ambitioniert und internetaffin sind. Recht ist in beiden Fällen möglicherweise nicht das Thema, mit dem Sie sich ganz freiwillig und mit begeistertem Interesse beschäftigen. Das verstehe ich. Recht kann manchmal ganz schön anstrengend sein und gelegentlich auch frustrierend. Letzteres besonders dann, wenn Gesetzgeber oder Gerichte (wieder einmal) eine Vorgabe oder Entscheidung erlassen, bei der man den Eindruck nicht ganz loswird, dass Internet und Recht auf unterschiedlichen Planeten leben. Solche Momente kenne ich natürlich auch, besonders, wenn ein Richter nicht nur keine Ahnung von der Online-Welt hat, sondern sich hierfür noch nicht einmal interessiert. Aber ein solcher Richter ist meiner Erfahrung nach eine Minderheit und vieles, was in der ersten Instanz – freundlich ausgedrückt – merkwürdig entschieden wird, findet schließlich doch noch eine pragmatische und umsetzbare Lösung.

Was aber auch zur Wahrheit gehört: Das Recht ist sehr komplex geworden und es ist schwer zu überschauen, was man als Betreiber einer Webseite eigentlich alles beachten muss. Denn hier treffen sich Anforderungen aus ganz verschiedenen Rechtsgebieten und Gesetzen, etwa des Internetrechts (TMG), Datenschutzrechts (BDSG, bald DSGVO) und Wettbewerbsrechts (UWG), um nur einige zu nennen. Dazu kommt, dass sich die

Voraussetzungen ändern und das meist in Richtung "mehr und komplexer". Ein weiteres Problem im Internet ist, dass Dinge sehr leicht auffindbar sind. Dies ist zwar grundsätzlich eine positive Nachricht – in der Hand von Abmahnern, die konkrete Fehler suchen, um sodann den Webseiten-Betreiber mit einer Abmahnung zu "erfreuen", wird dies jedoch zu einer eher problematischen Angelegenheit. Das umso mehr, als es solche Abmahner auf Webseitenbetreiber absehen, die Änderungen verschlafen haben. Und das Geschäftsmodell funktioniert: Es muss schon ganz schön etwas passieren, dass ein Gericht eine Abmahnung, auch eine Massenabmahnung, als rechtsmissbräuchlich ansieht. Letztlich bleibt daher nur übrig, sich mit den rechtlichen Anforderungen zu befassen und sie bestmöglich umzusetzen, insbesondere die klassischen Fallen zu vermeiden. Hundertprozentige Sicherheit gibt es leider nicht, das ist aber auch außerhalb des Internets und des Rechts nicht anders.

Wer mein Buch "Bloggen ohne Rechts-Stress" kennt, wird in diesem Buch einiges finden, was ihm bekannt vorkommt. Denn natürlich braucht ein Blogger eine Homepage, sodass sich das eine oder andere Thema in beiden Büchern überschneidet. Das vorliegende Werk geht aber weit über die Grundlagen hinaus und beschäftigt sich nicht nur mit der einfachen Homepage und schriftlichen Beiträgen auf dieser, sondern geht vertieft auf Datenschutz, Verlinkungen, Anfahrtsskizzen, Catch-all-Funktionen und einiges mehr ein. Darüber hinaus ist selbstverständlich alles überarbeitet und auf den aktuellen Stand (Dezember 2016) gebracht. Vertiefende Informationen zu Blogger-spezifischen Themen gibt es dagegen in diesem E-Book nicht. Wer sich hierfür interessiert, dem empfehle ich "Bloggen ohne Rechts-Stress".

Da das Buch so gut angenommen wurde und sogar über ein Jahr nach Erscheinen Bestseller Nummer 1 seiner Kategorie bei Amazon war (ein herzliches DANKE an alle Leser), habe ich mich entschieden, eine zweite, aktualisierte Neuauflage zu verfassen, die in den nächsten Monaten erscheint. Nun aber Schluss mit der Eigenwerbung und zurück zum Thema "Rechtliche Voraussetzungen bei Webseiten". Hier habe ich unterschieden zwischen allgemeinen Voraussetzungen, die bei fast jeder Homepage gelten, und spezielleren Fragen, die bestimmte Nutzungsmöglichkeiten bzw. den Einsatz bestimmter Techniken betreffen, also etwa YouTube-Videos, Facebook-Buttons, Anfahrtsskizzen und so weiter.

Viele Fehler, die Abmahnern die Chance geben, aktiv zu werden, lassen sich relativ leicht vermeiden. Ein Grund dürfte darin liegen, dass die meisten Abmahner sich

Themen suchen, zu denen es bereits eine Vielzahl an Gerichtsentscheidungen gibt und bei denen sie relativ sicher sein können, einen möglichen Rechtsstreit zu gewinnen – Themen, von denen der betroffene Internetseitenbetreiber aber möglicherweise noch nicht einmal gehört hat.

Abgesehen von solchen Missbräuchen sind viele Rechtsvorschriften und Erfordernisse durchaus sinnvoll: Zum Beispiel ermöglicht es einem das Impressum, mit dem Betreiber einer Webseite Kontakt aufzunehmen oder möglicherweise sogar rechtliche Schritte gegen ihn einzuleiten, wenn er rechtswidrig handelt. Wie sinnvoll das ist, versteht man spätestens, wenn man sich vorstellt, dass auf besagter Seite erheblich beleidigende Aussagen über einen selbst oder das eigene Unternehmen stehen und verbreitet werden. Gleiches gilt, wenn der eigene, mit Mühe und Kreativität verfasste Text plötzlich auch von einem anderen Unternehmen verwendet wird. Dies ist nicht nur ärgerlich und nervig, sondern kann auch ganz handfeste Auswirkungen auf das Google-Ranking haben, da Google doppelten Content erfahrungsgemäß nicht so sehr schätzt. Wie bekommt man also derartige Dinge schnell und effektiv „aus dem Netz"? Dies kann Recht leisten.

Der Auftritt im Internet spielt sich selbstverständlich nicht nur auf der eigenen Internetseite ab, sondern immer mehr auch in den sozialen Medien. Auch bei der Verknüpfung der Webseite mit Social-Media-Plattformen stellen sich eine Vielzahl von Rechtsfragen, die sich in die Kategorien „Besser Vorsicht als Nachsicht" sowie „Durchsetzung eigener Interessen" einordnen lassen.

Darum habe ich dieses Buch geschrieben: Um es Webseitenbetreibern zu ermöglichen, die gängigen Fallen sicher zu umgehen und außerdem das Recht in positiver Art und Weise anzuwenden um ihre Position zu vertreten. Nicht Gegenstand dieses Buches sind dagegen die Themen E-Shop und Verkauf von (digitalen) Produkten im Internet sowie die Details zum E-Mail-Marketing. Dies sind derartig umfassende Themen, dass ich hierüber weitere Bücher schreiben kann (was ich zu E-Mail-Marketing und Abmahnungen bereits tue und zum E-Commerce vielleicht noch tun werde...). In diesem Werk geht es um das, was ein Webseitenbetreiber meiner Erfahrung nach unbedingt beachten sollte. Mir geht es darum, Ihnen schnelle und praktisch umsetzbare Hilfe im Alltag zu bieten. Dazu habe ich – über dieses E-Book hinaus – auch noch ein Musterpaket vorbereitet. Sie werden sehen: Recht ist gar nicht so trocken, wie Sie vielleicht meinen, und auch wenn Sie durch Lektüre dieses Buches nicht zum Rechtsprofi werden und werden sollen, und so ein E-Book natürlich auch nicht die

Rechtsanwältin ersetzt, so können Sie doch die Standardthemen, die sich Webseitenbetreibern stellen, ordentlich bewältigen.

Recht lebt und entwickelt sich fort – daher biete ich Ihnen E-Mail-Updates an. Keine Sorge – ich spamme Sie nicht mit jeder Entscheidung eines Amtsgerichts zu. Sie erhalten für Webseitenbetreiber relevante Infos und Hilfen für die Umsetzung. Da sich die rechtlichen Anforderungen gelegentlich ändern, biete ich ein Musterpaket mit Formulierungen und Checklisten sowie Updates über wichtige Neuerungen an. Jetzt unter www.christianetischer.de/homepagebuch/ downloaden und anmelden! Es ist auch eine kurze Checkliste zu den wichtigsten rechtlichen Punkten bei der Erstellung und Prüfung einer Webseite dabei.

Bei Themen, die ich in meinem Podcast LEGAL STUFF schon behandelt habe, verweise ich auf diese Episoden. Hier gibt es allerdings nicht den Text dieses Buches zu hören, sondern der Podcast ist eigenständig – mal ausführlicher, mal eher ein Überblick. Hören Sie rein. Direkt auf meiner Webseite www.christianetischer.de oder bei iTunes oder Stitcher!

Ich hoffe, dass Sie als Betreiber Ihrer Unternehmenswebseite in diesem E-Book Nützliches finden und insbesondere etwas mehr Sicherheit im Umgang mit den rechtlichen Anforderungen gewinnen. Ich freue mich sehr, wenn Sie bei Amazon eine Rezension über dieses E-Book verfassen. Dies ist sowohl für mich als auch für andere

Interessenten äußerst wichtig. Dafür, dass Sie sich hierfür die Zeit nehmen, bereits an dieser Stelle schon herzlichen Dank.

In diesem Sinne: Möge das Recht mit Ihnen sein.

Basics

Von den rechtlichen Grundlagen haben die meisten schon etwas gehört: etwa, dass eine Unternehmenswebseite ein Impressum braucht, dass Datenschutzerklärungen und auch Cookie-Hinweise mittlerweile zum rechtlich nötigen Standard gehören. Aber was ist hier konkret zu beachten? Und wann gilt deutsches Recht überhaupt für Webseiten?

Wann gilt für Ihre Webseite deutsches Recht?

Das Internet, das World Wide Web, zeichnet sich gerade dadurch aus, dass es Grenzen überwindet und Internetseiten in Sekundenbruchteilen weltweit abgerufen werden können. Das Recht dagegen ist grundsätzlich auf den Staat, in dem es gilt, beschränkt. Wie kann dann das deutsche Recht Voraussetzungen für Webseiten aufstellen, die auch in den USA, in Uruguay oder in Indonesien abgerufen werden können? Die Grundregel ist einfach: Deutsches Recht gilt für alle Webseiten, die einen hinreichenden Inlandsbezug aufweisen. Hierbei ist es egal, ob der Anbieter seinen Sitz in Deutschland hat. Hat er aber seinen Sitz in Deutschland und/oder richtet er sich an deutsche Nutzer, spricht schon mal viel für einen Inlandsbezug. Was ist nun ein "Inlandsbezug" genau? Diese Frage hatte das Landgericht Hamburg (Urteil vom 17.06.2016 – Az 308 O 161/13) aktuell zu beantworten. Es stellte fest, dass es für einen Inlandsbezug nicht ausreicht, wenn sich der Anbieter (auch) an deutsche Nutzer wendet, seine Webseite aber in einer anderen Sprache verfasst. Natürlich sind nicht alle deutschsprachigen Webseiten damit gemeint, da würden sich unsere österreichischen und Schweizer

Freunde auch sehr bedanken. Eine österreichische oder Schweizer Webseite fällt nur dann unter deutsches Recht, wenn auf ihr deutlich wird, dass sie sich (auch) an Deutsche richtet. Somit ist es eine ganz gute Daumenregel, dass deutsches Recht dann Anwendung findet, wenn die Webseite auf Deutsch verfasst und (zumindest auch) auf deutsche Nutzer ausgerichtet ist. Der Sitz des Anbieters ist dagegen egal. Ich weiß natürlich, dass es schwierig wird, einen Anbieter im Ausland dingfest zu machen und rechtlich zur Verantwortung zu ziehen – das ist jedoch eine andere Frage als diejenige, ob grundsätzlich deutsches Recht gilt.

Name und Domain

Die Auswahl von Name und Domain ist für Unternehmen und für Webdesigner meist wenig problematisch: Der Unternehmensname wird im Regelfall zur

Domain, und der Kunde sagt ja, welche Domain er will oder bereits hat. Oft möchte man – gerade als Solo-Selbständiger – auch den eigenen Namen als Namen für die Domain verwenden.

Schwierig wird es rechtlich dann, wenn Sie einen Namen wählen, an dem ein Anderer Rechte hat, insbesondere eine Marke, eine Unternehmensbezeichnung oder einen fremden Namen. Dies ist unzulässig und kann zu Unterlassungs-, Auskunfts- und Schadenersatzansprüchen führen. Über dieses „volle Paket" berichte ich im Kapitel über Prozessuales. Wichtig bei der Auswahl einer möglichen Domain für die Webseite ist, neben der rechtlichen Zulässigkeit natürlich, ob die Domain noch frei ist.

Die Domains mit der Top-Level-Domain .de werden von der Denic eG vergeben. Die Denic ist eine Genossenschaft, in der Unternehmen, die für ihre Kunden Domains verwalten, zusammengeschlossen sind. Es handelt sich also um eine nichtstaatliche

Einrichtung. Die Denic unterhält freundlicherweise eine Domainabfrage, mit der Sie feststellen können, ob Ihre Wunschdomain noch frei ist. Dieses Tool finden Sie unter www.denic.de.

Stellt man fest, dass die Wunschdomain frei ist, ist alles gut. Anderenfalls lohnt es sich oft, sich genauer anzuschauen, wer die Domain verwendet: Hierzu bietet sich – neben einem Blick auf die entsprechende Webseite – auch die Anzeige der Domaindaten durch die Denic an. Nach der Domain-Abfrage kann man sich die Domaindaten oder die signierten Inhaberdaten anzeigen lassen. Dies setzt jedoch ein berechtigtes Interesse voraus sowie die Zusicherung, dass die Daten nur zu diesem Zweck verwendet werden. Wenn der Verdacht besteht, dass hier jemand die Domain ohne wirkliches eigenes inhaltliches Interesse registriert hat, insbesondere zu dem Zweck, Ihnen diese zum Verkauf anzubieten, ist ein solches Interesse gegeben. Ansatzpunkte können u.a. darin liegen, dass die Domain geparkt ist (z.B. bei Sedo.de) oder dass sie zum Verkauf angeboten wird. Auch wenn die große Zeit der Domain-Grabber vorbei ist, kommt es auch heute noch häufig genug vor, dass Domains registriert werden, mit denen derjenige, der sie registriert, nun gerade gar nichts zu tun hat – dass sie also lediglich geparkt werden. Ein berechtigtes Interesse haben Sie aber auch, wenn Sie allgemein prüfen wollen, ob Sie bessere Rechte an der Domain als der derzeitige Inhaber haben.

Wird ein Name ohne Berechtigung von einer anderen Person als Domain registriert, so hat man gegen diesen Domain-Grabber Anspruch auf Freigabe der Domain. Hierzu bietet es sich an, vor der Kontaktaufnahme mit dem Domain-Grabber einen Dispute-Antrag bei der Denic zu stellen und diesen eintragen zu lassen. Das Formular wird von der Denic auch auf ihrer Webseite www.denic.de bereitgestellt. Dies hat den Vorteil, dass die Domain ab Eintragung des Dispute-Antrags nicht mehr übertragen werden darf und kann und dass dann, wenn der Betroffene auf die Domain (freiwillig oder aufgrund "höflicher" Überredung) verzichtet, die Domain an denjenigen fällt, der den Dispute-Antrag gestellt hat. Ist also der eigene Dispute-Antrag eingetragen, kann man den Domain-Grabber zur Freigabe der Domain auffordern. Gibt er sie frei, ist alles okay. Üblicherweise zeichnen sich Domain-Grabber jedoch nicht durch besondere Kooperationsbereitschaft aus – schließlich wollen sie dem Interessenten die Domain ja für teures Geld verkaufen. Ganz besonders Kreative grabben die Domain mit einer ausländischen Firma und benennen nur – dies muss nach den Denic-Regeln so sein – einen Ansprechpartner in Deutschland als Admin-C, also einen administrativen Kontakt, wobei sie hier einen Namen erfinden, gerne inspiriert aus der Science-Fiction- oder Fantasy-Welt. Dies ist jedoch nicht das Ende der rechtlichen Möglichkeiten, wenn das Schreiben an den Admin-C als unzustellbar zurückkommt. Um das nachweisen zu können, sollte man auch an Darth Vader & Co. schreiben, auch wenn eine Antwort aus dem Imperium unwahrscheinlich ist. Ist die Bestätigung da, dass das Schreiben nicht zugestellt werden konnte, können Sie sich wieder an die Denic wenden und diese auf die Fake-Anschrift und -Namen hinweisen, denn dies stellt einen schweren Verstoß gegen die Denic-Vorschriften dar. Die Denic mag dann noch einmal nachfragen beim Domain-Inhaber. Die Chance, dass aufgrund der Trickserei die Domain gelöscht wird, ist jedoch groß. Und hier kommt der vorher gestellte Dispute-Antrag wieder ins Spiel: Da die Domain gelöscht wird, fängt der Dispute-Antrag die Angelegenheit auf und Sie sind automatisch neuer Inhaber der

Wunschdomain.

Mit einem erreichbaren Domain-Grabber kann man zur Not auch einen gerichtlichen Streit führen – meistens reicht jedoch ein deutlicher Hinweis auf die Rechtslage. Oft gelingt es, die von einem „Grabber" besetzte oder sonst eigene Rechte verletzende Domainregistrierung so auf sich selbst zu übertragen.

Üblicherweise genügt die Tatsache, dass es sich um den eigenen Namen oder die Firma Ihres Unternehmens handelt, als Berechtigung, diesen Begriff auch als Domain zu verwenden. Anders ist es jedoch, wenn sich hier mehrere Gleichnamige gegenüberstehen. Typischerweise muss dann derjenige, der später kommt, einen Zusatz hinzufügen. Wer zuerst kommt, mahlt bekanntlich zuerst. Dies gilt jedoch dann nicht, wenn ein Namensträger gegenüber dem anderen eine bevorrechtigte Stellung, z.B. eine überragende Bekanntheit hat. Die Erfahrung musste auch Andreas Shell machen, der die Domain shell.de registriert hatte – und schließlich gegen einen bekannten Mineralölkonzern verlor. Mittlerweile ist jedoch davon auszugehen, dass dann, wenn eine Domain noch frei ist, sich auch kein überragend bekannter Namensträger mehr melden wird – die dürften alle ihre Domains haben. Namensgleichheit gibt es aber natürlich auch bei weniger bekannten Akteuren.

Mit einer gewissen Kollision zwischen dem unbegrenzten Aktionsraum des Internets und dem begrenzten Aktionsraum des Rechts haben wir uns schon in dem Kapitel „Wann gilt deutsches Recht?" beschäftigt. Verschiedene Aktionsräume sind auch bei der Frage nach Domainrechten zu beachten: Wenn Sie ein lokales Unternehmen betreiben, haben Sie für Ihr

Unternehmens-Kennzeichen auch nur einen lokalen Schutz. Das bedeutet in der Praxis: Wenn jemand Ihre Unternehmensbezeichnung bereits als Domain registriert hat, oder als Bestandteil seiner Domain verwendet, wird es für Sie schwierig, wenn Ihr Gegner nicht in Ihrem wirtschaftlichen Tätigkeitsgebiet sitzt. So hat das Oberlandesgericht Frankfurt entschieden, dass ein Arzt keinen Anspruch darauf hat, dass ein anderer Arzt nicht eine Domain verwendet, die sein Unternehmenskennzeichen (dort: "Neuro Spine Center") enthält. Es wies die Unterlassungsklage ab, da beide Ärzte in unterschiedlichen Städten tätig waren und damit räumlich nicht in einem Konkurrenzverhältnis standen. Bei nur lokal tätigen Unternehmen gilt hinsichtlich der Domainnamen also: First Come First Served. Jedenfalls bei Konkurrenten, die außerhalb des eigenen Einzugsbereichs arbeiten. Und das

Unternehmenskennzeichen schützt vor ähnlichen Domains auch nur regional (OLG Frankfurt, Urteil vom 7.5.2015).

Wie angesprochen darf eine Domain auch keine Markenrechte verletzen. Hier sollte man natürlich einen Anwalt mit der Prüfung beauftragen. Einen eigenen ersten Eindruck können Sie sich jedoch auch problemlos selbst verschaffen. Das Deutsche Patent- und Markenamt bietet auf seiner Webseite (www.dpma.de) das Markenregister zur Einsicht an. Hierzu auf „dpma register" klicken und dann „Marken" auswählen. Für einen allerersten Überblick genügt die Einsteigerrecherche. Hier bei „Wiedergabe der Marke" den von Ihnen gewünschten Namen eingeben und einmal schauen, ob Sie dort Resultate erzielen. Hier bitte auch daran denken, naheliegende andere Schreibweisen und ähnlich klingende Begriffe auch einmal durchzuprobieren. Dies ist zwar keine rechtssichere

Recherche, genügt für den Einstieg und einen ersten Überblick aber vollkommen. Letztlich ist das Markenthema natürlich nicht nur für die Domain relevant, sondern für Ihren kompletten Auftritt unter dem gewünschten Namen. Mittlerweile gibt es auch ein hervorragendes Tool für die internationale Markenrecherche: TMView. Neben den Marken der EU-Staaten sind dort auch die Marken einer Vielzahl anderer teilnehmender Staaten auffindbar.

Werden Sie nicht fündig, ist fast alles gut. Haben Sie dagegen einen Treffer gelandet, hat also jemand den geplanten Begriff als Marke angemeldet, gilt es, genau hinzuschauen: Marken gelten nicht allgemein für alles Mögliche, sondern nur für konkrete Gruppen von Waren und Dienstleistungen. Dies ist im Register vermerkt. Ausnahme sind nur sehr bekannte Marken: Kennen über die Hälfte der Leute die Marke, ist diese grundsätzlich, also auch über ihre Markenklassen hinaus, tabu. Auch hier ist ein Anwalt gefragt, um eine genaue Abschätzung der markenrechtlichen Zulässigkeit vorzunehmen – aber auch hier kann man sich einen ersten Eindruck selbst verschaffen, indem man das Waren- und Dienstleistungsverzeichnis, das unter dem „Treffer" im Verzeichnis abrufbar ist, durchschaut. Hat es so gar nichts mit dem eigenen Thema zu tun, spricht einiges dafür, dass die Angelegenheit okay ist. "Fast" gut ist es, wenn Sie keinen Treffer finden, weil es neben Marken auch geschäftliche Bezeichnungen gibt, die dem Inhaber eine Rechtsposition geben. Bitte verschaffen Sie sich daher – etwa durch eine simple Google-Recherche – auch einen Eindruck über bestehende Unternehmen oder Geschäftsauftritte unter diesem Namen. Auch dies ist nicht erschöpfend, aber ein guter Einstieg. Finden kann man anderweitige

Unternehmen auch in Branchenverzeichnissen oder im Handelsregister. Oft hilft auch eine Nachfrage/Beratung bei der örtlichen IHK, hiermit haben ich bzw. meine Mandanten bisher gute Erfahrungen gemacht.

Namensrechte stehen nicht im Register! Sie sind jedoch rechtlich geschützt (§12 BGB) und Firmenbezeichnungen sind im Rang sogar mit Marken vergleichbar. Hier ist eine abschließende Recherche unmöglich, aber eben auch bei diesem Thema ist Google Ihr Freund. Marken dagegen sind nur solche Namen/Bezeichnungen, die im Register als solche vermerkt sind. Namensrechte betreffen Namen von Personen oder Unternehmen und sind „einfach so" geschützt – von der Verwendung des Namens an. Tabu sind außerdem Buch- und Filmtitel. Also als Juwelier bitte den Web-Auftritt nicht „Herr der Ringe" nennen...

Aber auch hier gilt wieder das Prinzip der Abwägung und Risikoabschätzung: Es ist äußerst unangenehm, aufwändig und kostet auch eine ganze Menge Traffic, wenn man aus rechtlichen Gründen später mit seiner

Internetpräsenz umziehen muss, weil jemand erfolgreich Rechte an der Domain geltend gemacht hat.

Noch mal zum Thema Marken: Ich habe gesagt, dass man Markenbezeichnungen als Domain nicht verwenden soll. Das bedeutet aber nicht, dass markenrechtlich geschützte Begriffe grundsätzlich tabu sind. Zur Beschreibung der markenrechtlich geschützten Leistung oder des Produkts darf ich den Namen selbstverständlich verwenden. Auch zum Weiterverkauf von Markenprodukten, Dienstleistungen für diese oder zur Verlosung eines Markenproduktes ist die Nennung okay. Oft haben Unternehmen Vorgaben für solche Markendarstellungen, die man sich anschauen sollte.

Achtung Webdesigner: Wenn Sie Domains für Kunden registrieren, garantieren Sie damit nicht automatisch den Prioritätsschutz (also, dass die Registrierung als "zu dem Zeitpunkt erfolgt" gilt und späteren Anträgen vorgeht)! Der Bundesgerichtshof erkennt eine Registrierung einer Domain durch einen Treuhänder nur dann als prioritätswahrend an, wenn jeder Internetnutzer eine einfache und zuverlässige Möglichkeit hat, herauszufinden, für wen die Domain tatsächlich gehalten wird (BGH, Urteil vom 24.3.2016). In dem Fall, über den der BGH zu entscheiden hatte, stand auf der fraglichen Domain nur der Hinweis "Hier entsteht eine neue Internetpräsenz". Für wen diese geplant war, stand dort (wie das meistens so ist) nicht. Daher: Wenn Sie Domains treuhänderisch reservieren, bitte einen entsprechenden Vermerk auf dieser Seite setzen. Sicherheitshalber bitte dann auch, da die Seite dann ja einen Inhalt hat, einen Link auf Ihr Impressum und Ihre Datenschutzerklärung aufnehmen. In diesem Hinweis sollten Sie mitteilen, dass

Sie die Domain für einen Kunden, den Sie auch namentlich nennen müssen, reserviert haben, oder sie schreiben: "Hier entsteht eine neue Internetpräsenz für" und ergänzen dann den Kunden mit vollem Namen oder Firmierung. Bitte auch in diesem Fall sicherheitshalber auf der Seite (klein, aber lesbar im Footer reicht) einen Link auf Ihr Impressum und Ihre Datenschutzerklärung setzen.

Impressum

Die Entscheidung für die Domain ist gefallen, die Denic hat grünes Licht gegeben. Auch mit der Installation von WordPress oder einem anderen Content-Management-System hat alles geklappt, oder Sie haben sich entschieden, eine Agentur zu beauftragen, die Seite zu erstellen.

Nun geht es los, Texte schreiben, Angebote darstellen, und das Unternehmen der Welt präsentieren. Aber halt! Zunächst sind noch einige eher formale Dinge zu erledigen. Mittlerweile hat es sich herumgesprochen: Jede Unternehmens-Webseite benötigt ein Impressum und eine Datenschutzerklärung, übrigens auch fast jede andere Webseite. Ausnahmen können lediglich private Seiten für den Freundeskreis sein. Aber Achtung: Auch hier genügt schon eine einzige Werbeanzeige (z.B. die Nutzung von Google AdSense), um eine Impressumspflicht auszulösen. "Jede Webseite" meint übrigens auch Webseiten, die Sie schon lange nicht mehr aktiv nutzen, auch Unterseiten! Dabei ist es auch egal, ob auf diesen "alten" Seiten nur noch veraltete Infos sind, die niemanden mehr interessieren, etwa alte Angebote. Also: Jede Ihrer Seiten, die online ist, braucht ein Impressum!

Ein Impressum benötigen Sie übrigens nicht nur auf der Webseite – wer Profile in Social-Media-Plattformen, z.B. Facebook oder

Xing, geschäftlich nutzt (alles, was nicht privat oder Familie ist), muss auch auf diesen Profilen ein Impressum mit den notwendigen Angaben haben. Bei Xing ist dies – nach einer Posse, die unter dem Begriff „Xing-Gate" durchs Internet ging – durch einen auffälligen Link im Profil bereits angelegt; hier muss nur noch die Angabe zum Impressum beigefügt werden. Besagtes Xing-Gate entwickelte sich daraus, dass ein Anwalt (ausgerechnet) einen Kollegen abmahnte, er habe kein ausreichendes Impressum auf Xing. Dieser Kollege hatte deren jedoch sogar zwei. Was mit dieser Abmahnung bezweckt wurde, blieb im Dunkeln – zum Schrecken der Internetgemeinde entschied jedoch erstinstanzlich das Landgericht Stuttgart, dass der damals vorgesehene kleine Impressumslink an der unteren Fußzeile des Profils nicht genügen sollte. Dieses Urteil ist zwar mittlerweile aufgehoben, hat sich jedoch in einem großen und gut sichtbaren

Impressumslink im oberen Bereich der Xing-Profile niedergeschlagen.

Recht einfach ist auch das Impressum auf Facebook umzusetzen. Es gibt mittlerweile entsprechende Apps, die dies komfortabel ermöglichen. Auch kann in dem Kurztext unterhalb des Profilbildes neben einer ganz kurzen Beschreibung auch ein Link auf das Impressum gesetzt werden. Letzteres empfehle ich dringend. Vorteil ist, dass man hier kein weiteres Impressum benötigt, sondern nur auf die Impressumsseite der eigenen Webseite verlinkt. So kann es nicht passieren, dass man bei einer Änderung das Facebook-Impressum vergisst.

Auch für andere Portale gilt: Betreiben Sie dort ein eigenes Profil, sprich, Sie stellen die Informationen selber ein und pflegen sie selbst, muss das Ganze auch ein Impressum haben. Das LG Heidelberg hat in so einem Fall betont, dass ein (impressumspflichtiges) eigenes Telemedium dann gegeben ist, wenn der

Nutzer selbst darüber entscheiden kann, ob die Information überhaupt angeboten wird und welche konkreten Informationen gegeben werden; diese Informationen müssen vom Nutzer selbst eingetragen werden (LG Heidelberg, Urteil vom 9.12.2015).

Inhalt des Impressums

Was muss nun in diesem Impressum stehen? Dies ergibt sich aus §5 des Telemediengesetzes (TMG). Auch wenn ich Sie im Wesentlichen mit Paragraphen verschone, möchte ich diesen im Wortlaut zitieren:

Webseitenbetreiber müssen „folgende Informationen leicht erkennbar, unmittelbar erreichbar und ständig verfügbar (...) halten:

1. den Namen und die Anschrift, unter

der sie niedergelassen sind, bei juristischen Personen zusätzlich die Rechtsform, den Vertretungsberechtigten (...)

2. Angaben, die eine schnelle elektronische Kontaktaufnahme und unmittelbare Kommunikation mit Ihnen ermöglichen, einschließlich der Adresse der elektronischen Post,

3. soweit der Dienst im Rahmen einer Tätigkeit angeboten oder erbracht wird, die der behördlichen Zulassung bedarf, Angaben zur zuständigen Aufsichtsbehörde,

4. das Handelsregister, Vereinsregister, Partnerschaftsregister oder Genossenschaftsregister, in das sie eingetragen sind, und die

entsprechende Registernummer,

5. soweit der Dienst in Ausübung eines Berufs im Sinne von Artikel 1 Buchstabe d der Richtlinie 89/48/EWG des Rates vom 21. Dezember 1988 über eine allgemeine Regelung zur Anerkennung der Hochschuldiplome, die eine mindestens dreijährige Berufsausbildung abschließen (ABl. EG Nr. L 19 S. 16), oder im Sinne von Artikel 1 Buchstabe f der Richtlinie 92/51/EWG des Rates vom 18. Juni 1992 über eine zweite allgemeine Regelung zur Anerkennung beruflicher Befähigungsnachweise in Ergänzung zur Richtlinie 89/48/EWG (ABl. EG Nr. L 209 S. 25, 1995 Nr. L 17 S. 20), zuletzt geändert durch die Richtlinie 97/38/EG der Kommission

vom 20. Juni 1997 (ABl. EG Nr. L 184 S. 31), angeboten oder erbracht wird, Angaben über

a) die Kammer, welcher die Diensteanbieter angehören,
b) die gesetzliche Berufsbezeichnung und den Staat, in dem die Berufsbezeichnung verliehen worden ist,
c) die Bezeichnung der berufsrechtlichen Regelungen und dazu, wie diese zugänglich sind,

6. in Fällen, in denen sie eine Umsatzsteueridentifikationsnummer nach § 27a des Umsatzsteuergesetzes oder eine Wirtschafts-Identifikationsnummer nach § 139c der Abgabenordnung

besitzen, die Angabe dieser Nummer,

7. bei Aktiengesellschaften, Kommanditgesellschaften auf Aktien und Gesellschaften mit beschränkter Haftung, die sich in Abwicklung oder Liquidation befinden, die Angabe hierüber."

Anhand dieses Textes lässt sich leicht ein Impressum für die eigene Seite bauen. Über die allgemeine Regelung zum Impressum hinaus, die wir uns gerade angeschaut haben, gibt es aber noch eine Spezialregelung, die für Anbieter redaktioneller Inhalte Anwendung findet. An sehr versteckter Stelle – im Rundfunkstaatsvertrag (§55 Abs. 2 RStV) – finden sich zusätzliche Impressumsregelungen für redaktionelle Medien. Darunter fallen auch Unternehmen, die einen Business-Blog betreiben, aber auch alle anderen Blogger, selbst wenn sie keinen Rundfunk oder Podcast betreiben. Der Betreiber einer redaktionellen Seite hat:

„einen Verantwortlichen mit Angabe des Namens und der Anschrift zu benennen. Werden mehrere Verantwortliche benannt, so ist kenntlich zu machen, für welchen Teil des Dienstes der jeweils Benannte verantwortlich ist. Als Verantwortlicher darf nur benannt werden, wer

1. seinen ständigen Aufenthalt im Inland hat,
2. nicht infolge Richterspruchs die Fähigkeit zur Bekleidung öffentlicher Ämter verloren hat,
3. voll geschäftsfähig ist und
4. unbeschränkt strafrechtlich verfolgt werden kann."

Insbesondere heißt dies also, dass jemand persönlich die Verantwortung für den Inhalt übernehmen muss.

Beispiel: Frau Muster ist Freiberuflerin und möchte ihre Tätigkeit auf einer Internetseite vorstellen und um Kunden werben. Sie hat keinen reglementierten Beruf. Dann könnte das Impressum folgendermaßen aussehen:

"Angaben gemäß § 5 TMG:
Marianne Muster
Berliner Str. 12
70190 Stuttgart
Telefon: 0711/111332
Telefax: 0711/333222
E-Mail: marianne@mmuster.de
Umsatzsteuer-ID gemäß § 27a Umsatzsteuergesetz: DE123456"

Betreibt sie ein redaktionelles Angebot, beispielsweise einen Blog, muss sie zusätzlich angeben:
"Verantwortlich für den Inhalt nach § 55 Abs. 2 RStV:

Marianne Muster
Berliner Str. 12
70190 Stuttgart"

Wenn Frau Muster dagegen Geschäftsführerin der MaMuster GmbH ist und für ihr Unternehmen eine Webseite erstellt, dann könnte das Impressum folgendermaßen aussehen:

"Angaben gemäß § 5 TMG:
MaMuster GmbH
Teststraße 24
70190 Stuttgart
Vertreten durch:
Geschäftsführerin Marianne Muster
Telefon: 0711/111332
Telefax: 0711/333222
E-Mail: info@mamuster.de
Handelsregister:
Registergericht: AG Stuttgart
Registernummer: HRB 12345
Umsatzsteuer-ID gemäß § 27a UStG: DE

345678"

Zusätzlich bei redaktionellem Angebot:
"Verantwortlich für den Inhalt nach § 55 Abs. 2 RStV:
Marianne Muster, Teststraße 24, 70190 Stuttgart"

Eine Impressums-Checkliste finden Sie in meinem Musterpaket, das Sie unter www.christianetischer.de/homepagebuch/ erhalten. Wie meistens gibt es auch Hilfe aus dem Internet: Es gibt verschiedene Impressums-Generatoren online. Wie immer im Internet gilt: Es gibt hier gute, weniger gute und katastrophale. Gut gefällt mir beispielsweise der Impressums-Generator des Jura-Forums. Auch der Impressums-Generator von eRecht24 erstellt ein gutes und korrektes Impressum. Selbstverständlich können auch andere sehr gut sein – ich habe nicht alle Anbieter angesehen. An dieser Stelle ein kurzes

Wort zu Rechtsthemen im Internet und ihrer Recherche: Ich googele gelegentlich ganz gern Rechtsfragen. Das Schwierige am Ergebnis ist, dass sich hier ganz hervorragende Tipps und super Ideen mit mittelguten und grob falschen, aber im Brustton der Überzeugung vorgetragenen Behauptungen mischen. Ohne Rechtskenntnis ist aber schwer zu erkennen, in welche Kategorie das konkrete „Fundstück" fällt. Wer sichergehen will, sollte sich daher an seinen Anwalt/seine Anwältin wenden oder für allgemeine Informationen Bücher (wie dieses hier) bzw. Internetseiten, die von Anwälten erstellt sind, zu Rate ziehen. Hier ist die Wahrscheinlichkeit, verlässliche Informationen zu bekommen, im Normalfall sehr gut. Gerade bei Internetrecherchen sollten Sie unbedingt auf das Veröffentlichungsdatum achten (die Rechtslage ändert sich sehr schnell) und nach seriösen Anbietern schauen, die auch einen Ruf zu verlieren haben, falls sie Unsinn veröffentlichen. Eine spezialisierte Seite ist üblicherweise besser als ein „Kramladen". Verdächtig sind auch viele Werbeeinblendungen – auf solchen Seiten geht es meist nur darum, viele Nutzer anzuziehen und durch die Klicks Geld zu machen. Vollständig vergessen sollte man Internetforen. Hier kann jeder alles schreiben und tut es erfahrungsgemäß auch.

Einige der Anforderungen zum Thema Impressum möchte ich etwas genauer erklären:
Wenn Sie bei Ihrer beruflichen Tätigkeit einer behördlichen Aufsicht unterliegen, bitte unbedingt die Aufsichtsbehörde nennen! Fehlt diese Angabe, kann das abgemahnt werden (LG Leipzig, Urteil vom 12.6.2014). Kleine Differenzierung am Rande: eine örtlich unzuständige Behörde zu nennen ist dagegen okay, da diese ja auf

das zuständige Amt verweisen wird, während bei Fehlen oder komplett falschem Hinweis der Nutzer die zuständige Aufsichtsbehörde nicht ohne weiteres erreichen/feststellen kann (LG Leipzig, Urteil vom 27.5.2016). Beides waren Makler-Fälle. Das erste Urteil hatte sogar noch ein Nachspiel: Der Beklagte änderte sein Impressum, nachdem er dazu verurteilt wurde. Dann aber änderte sich die zuständige Aufsichtsbehörde, da der Beklagte umzog. Die fällige Anpassung des Impressums "verschlief" er jedoch – was für seinen Kontrahenten Grund genug war, einen Verstoß gegen das Urteil anzunehmen und ein Ordnungsgeld zu fordern. Darüber stritten die Parteien in zwei Instanzen, bis das OLG Dresden feststellte, dass "keine Behörde" und "unzuständige Behörde" doch unterschiedliche Dinge seien, weshalb das Gericht die Klage abwies. Da scheint es in Leipzig ein besonderes Interesse dieser Branche am

Impressum zu geben...

Retten können sich bei einer solchen Abmahnung wegen fehlender Aufsichtsbehörde im Impressum aber diejenigen Branchen, die nur wegen ihrer Tätigkeit außerhalb des Internets unter behördlicher Aufsicht stehen. So hat das OLG Frankfurt einen Anbieter von Shows mit Bühnenfeuerwerken verschont, der seine Aufsichtsbehörde nicht im Impressum nannte. Das Gericht fand das Impressum in Ordnung, weil das Angebot "Bühnenfeuerwerk" zwar gem. §7 SprengG erlaubnispflichtig sei, aber die Knaller ja nur offline hochgehen und das TMG, und damit die Impressumspflicht, sich auf das Anbieten von Onlinemedien bezieht (OLG Frankfurt, Urteil vom 28.4.2016).

Eine Chance bei Impressums-Abmahnungen (egal, ob wegen der Aufsichtsbehörde oder anderer Themen) haben auch eingetragene Vereine. Da bei diesen der ideelle Zweck das

Entscheidende ist, kann man schon die Ansicht vertreten, dass der Wettbewerb nicht ernsthaft durch deren Web-Auftritt gestört wird, perfektes Impressum hin oder her (so etwa LG Neuruppin, Beschluss vom 9.12.2014).

Auch eine E-Mail-Adresse muss in das Impressum. Dabei genügt es nicht, wenn Sie irgendeine Adresse angeben – Sie müssen auch über diese Adresse kommunizieren. Es reicht also nicht aus, wenn der Webseitenbetreiber automatisierte Antwortmails versendet, die auf Hilfeseiten oder auf Ansprechpartner verweisen. Das TMG verlangt vielmehr, dass mit der genannten E-Mail-Adresse eine unmittelbare, direkte Kommunikation möglich ist. Sprich: Mails an die genannte Adresse müssen individuell beantwortet werden.

Kurz zum Thema Telefonnummer: Eine

solche muss im Impressum angegeben werden. Und zwar eine normale Telefonnummer. Eine kostenpflichtige Mehrwertdienste-Rufnummer genügt nicht. Mit dieser weltbewegenden Frage hat sich sogar der BGH (Urteil vom 25.02.2016 – I ZR 238/14) befassen müssen und festgestellt, dass eine Mehrwertdienste-Nummer eine deutliche Hürde bedeutet, Kontakt aufzunehmen. Dies sei grundsätzlich auch unabhängig von den konkreten zusätzlichen Kosten. Also: keine Mehrwertdienste-Rufnummer ins Impressum. Im Gegensatz dazu ist eine Mehrwert-Nummer in einem anderen Zusammenhang kein Problem: in der Widerrufsbelehrung akzeptiert die Rechtsprechung dies meist (z.B. LG Hamburg, Urteil vom 3.11.2015). Bitte also nicht verwechseln, wenn Sie irgendwo lesen, Mehrwertdienste-Rufnummern seien okay.

LEGAL STUFF 003: Überblick über Impressum, Datenschutzerklärung, Kontaktformular

Impressum platzieren

Nun haben Sie erfolgreich Ihr Impressum erstellt und es auf eine Internetseite verfrachtet. Nur, wo soll das gute Stück nun hin und wie soll es angezeigt werden? Wichtig ist, dass das Impressum durch einen, maximal zwei Klicks erreichbar ist. Dies bedeutet, dass auf jeder Seite ein Link „Impressum" sichtbar ist oder allermindestens ein Link „Kontakt", der zu einer Kontaktmöglichkeit führt, wo es außerdem einen Link „Impressum" gibt. Von letzterer Variante rate ich ab, da die Rechtsprechung hier sehr streng ist und sich gegebenenfalls auch ändern kann, so dass dies nicht mehr zulässig werden könnte. Wer sichergehen will, packt den

Impressumslink daher auf jede Seite, idealerweise in die Kopf- oder Fußzeile. Möglich ist auch ein eigener Reiter. Bei der Webseitengestaltung gefällt es mir sehr gut, wenn der Impressumslink in der Fußzeile ist – hier stört er niemanden. Man generiert hiermit jedoch ein rechtliches Problem: Erscheinen immer mehr Beiträge auf der Seite, und ist diese so gestaltet, dass der Nutzer für ältere Beiträge immer weiter herunterscrollen muss, geschieht es oft, dass auch der Impressumslink immer weiter nach unten rutscht und erst durch umfangreiches Scrollen ersichtlich ist. Dies ist nicht mehr rechtskonform – wer eine solche Gestaltung seines Themes bzw. Layouts gewählt hat, sollte idealerweise den Link in die Kopfzeile oder als eigenen Punkt (Hauptpunkt) in das Menü setzen. Zwar schadet „ein bisschen scrollen" nicht, aber wo die Grenze zwischen „ein bisschen" und „zu viel" liegt, ist im Recht nicht immer einfach zu beantworten.

Ein fehlendes oder unrichtiges bzw. unvollständiges Impressum ist eine besonders leichte Angriffsfläche für Abmahner: Der Rechtsverstoß ist klar und eindeutig feststellbar, sodass der Abmahner Sie ohne großes eigenes Risiko angreifen kann. Als fehlend gilt auch ein unzugängliches Impressum, etwa wenn der Link durch eine darübergelegte Hello-Bar oder einen Cookie-Hinweis verdeckt wird. Bitte besonders mit dem Cookie-Hinweis aufpassen: Viele Plugins bzw. Funktionen, die einen solchen generieren, überdecken gnadenlos den gesamten Footer. Testen Sie Ihre Seite auch auf dem Smartphone und in gängigen Anzeigeformaten. Auch bei der mobilen Variante muss der Impressumslink sichtbar und zugänglich sein.

Datenschutzerklärung

Wo wir gerade bei den formalen Startvoraussetzungen für eine Webseite sind: Neben einem Impressum sollte jede Webseite auch eine Datenschutzerklärung haben. Fehlt die Datenschutzerklärung, kann dies abgemahnt werden. Auch die Datenschutzbehörde kann sich dafür interessieren. Zwar gibt es Gerichte, die eine Abmahnung wegen fehlender Datenschutzerklärung nicht zulassen (z.B. LG Berlin, Urteil vom 4.2.2016), aber die meisten Gerichte winken die Abmahnung, die aus diesem Grund ausgesprochen wurde, durch (z.B. LG Köln, Beschluss vom 26.11.2015, OLG Hamburg, Urteil vom 27.06.2013, LG Hamburg, Urteil vom 10.3.2016). Und da man bei Rechtsverstößen im Internet im Wesentlichen die Wahl hat, bei welchem Gericht man klagt, wird sich ein einigermaßen pfiffiger Abmahner nicht gerade Berlin aussuchen... Daher sollte die Datenschutzerklärung unbedingt korrekt erstellt und verlinkt werden.

Auch für Datenschutzerklärungen gibt es zahlreiche Generatoren im Internet, von denen bin ich allerdings weniger begeistert. Dies insbesondere deshalb, weil Datenschutzerklärungen sehr viel individueller sind und keine so klar festgelegten Inhalte haben wie das Impressum. Denn mit der Datenschutzerklärung sollen Sie darüber informieren, welche Daten Sie erheben und zu welchen Zwecken Sie dies tun. Helfen können einem die Generatoren jedenfalls aber darin, dass sie wichtige Themen ansprechen, welche in der Datenschutzerklärung abgehandelt werden sollen. Daher die Ergebnisse sehr genau prüfen, ob sie für Ihre Webseite passen. Wer selber nicht so ganz der Technikfreak ist und daher das eine oder andere im Hinblick auf die Webseite ausgelagert hat, sollte die Datenschutzerklärung auch mit seinen Dienstleistern besprechen.

Was muss nun in einer solchen Datenschutzerklärung stehen? Neben der obligatorischen Beteuerung, dass man selbstverständlich den Datenschutz sehr ernst nimmt, sollte auf Folgendes eingegangen werden:

- Was sind personenbezogene Daten? Gemäß §3 Abs. 1 BDSG: Einzelangaben über persönliche oder sachliche Verhältnisse einer bestimmten oder bestimmbaren natürlichen Person.
- Cookies: Auf fast jeder Webseite werden Cookies verwendet. Hier ist zwischen permanenten Cookies (bleiben auf dem Rechner des Nutzers gespeichert) und Session Cookies (werden nach Verlassen der Seite gelöscht) zu unterscheiden. Die verwendeten Cookies müssen genannt und es muss hierüber verständlich

informiert werden. Außerdem muss der Nutzer auch darüber aufgeklärt werden, wie er die Speicherung von Cookies verhindern kann. Zum Thema Cookies gibt es auch noch ein weiteres Problemfeld – die Cookie-Richtlinie – zu dem ich später komme.

- Sicherung der Kommunikation: Erfolgt z.B. eine Übertragung per HTTPS?
- Welche Daten werden erhoben und zu welchem Zweck? Während dies bei einer schlichten Webseite ohne Newsletter-Opt-Ins, Social Media-Buttons oder Kontaktformular eher unproblematisch ist, muss ansonsten nach den erhobenen Daten geschaut werden und sie sowie ihre Zwecke ausführlich beschrieben werden. Aber auch bei einer normalen Webseite sollte aufgelistet werden, welche Daten

automatisch erhoben und gespeichert werden. Dies gilt auch dann, wenn es sich hierbei um pseudonymisierte Daten, also nicht um personenbezogene oder einer Person zuordenbare Daten, handelt. Die meisten Anbieter speichern die dynamische IP-Adresse des Nutzers sowie den Zeitpunkt des Zugriffs. Auch das sind – wie der EuGH am 19.10.2016 entschieden hat, personenbezogene Daten. Dem Urteil des EuGH lag ein Fall aus Deutschland zugrunde: Herr Patrick Breyer störte sich an der (üblichen) automatischen Speicherung von Zugriffsdaten, die zur Sicherung gegen Angriffe dient und außerdem die Strafverfolgung ermöglichen soll. Als Gegner für seinen Musterprozess suchte er sich (ausgerechnet) die Bundesrepublik Deutschland aus, und beanstandete die Speicherung der Daten bei der Nutzung von Webseiten des Bundes. Der Bund wollte es auch wissen, und schließlich landete die Angelegenheit vor dem EuGH. Und dort bekam letztlich Deutschland, also der Webseitenbetreiber, Recht: Zwar sind dynamische IP-Adressen personenbezogene Daten, der Webseitenbetreiber hat aber ein berechtigtes Interesse, sie zu speichern (EuGH, Urteil vom 19.10.2016). Er muss aber hierüber informieren.

- Verwenden Sie Analysetools wie etwa Google Analytics, Piwik oder eTracker? Dann bitte darauf hinweisen und informieren, welche Daten wozu erhoben werden, und auf Widerspruchsmöglichkeit verweisen, sowie Opt-Out-Link und Opt-Out-Cookie anbieten. Näheres zu den rechtlichen

Voraussetzungen, die für diese Tools gelten, erfahren Sie im Kapitel "Tracker und Analytics".

- Spannend wird es, wenn zusätzlich ein Newsletter oder die Möglichkeit zum Download eines E-Books oder Ähnlichem aufgeführt wird. Auch hier ist über die erfassten Daten und deren Verwendungszweck zu informieren.
- Gibt es ein Kontaktformular? Auch zu der Verwendung dieser Daten müssen Sie informieren (siehe nächstes Kapitel).
- Belehrung über das Auskunfts-, Berichtigungs- und Löschungsrecht: Nach dem Bundesdatenschutzgesetz (BDSG) hat jeder, über den Daten gespeichert werden, das Recht, von demjenigen, der die Daten hat, Auskunft zu verlangen. Dies betrifft die Frage, was konkret dort

gespeichert ist und zu welchem Zweck. Sind diese gespeicherten Daten nicht richtig, so kann der Betroffene Berichtigung oder Löschung verlangen. Ist eine Löschung aus rechtlichen Gründen nicht zulässig, werden die Daten gesperrt. Über diese Rechte ist zu belehren und auszuführen, an wen der Nutzer sich zur Geltendmachung wenden kann. Hier ist es okay, eine E-Mail-Adresse anzugeben. Achtung: Das Einschicken einer Ausweiskopie als Voraussetzung dafür, diese Rechte auszuüben, dürfen Sie nicht verlangen.

- Werden die Daten an jemand anderen weitergegeben? „Jemand anderer" im Sinne des Datenschutzrechtes ist jede andere Person oder Unternehmen. Ausnahmen sind nur solche Dienstleister, die Daten für Sie verarbeiten, also Ihnen helfen und kein eigenes Interesse an den Daten haben – also nur in Ihrem Auftrag und nach Ihren Vorgaben tätig werden. Voraussetzung ist jedoch, dass ein Vertrag hierüber, ein sogenannter Auftragsdatenverarbeitungsvertrag, geschlossen wurde. Dieser muss schriftlich vorliegen und bestimmte Vorgaben erfüllen, die in § 11 BDSG aufgelistet sind. Eine solche Auftragsdatenverarbeitung ist eine rechtssichere, komfortable und wichtige Möglichkeit, sich bei der Verarbeitung von Daten helfen zu lassen. Dies gilt nicht nur für Verwaltungszwecke, sondern auch für Webanalysedienste wie z.B. Google Analytics (Näheres dazu folgt). Auftragsdatenverarbeiter müssen in der Datenschutzerklärung nicht genannt werden. Werden

Daten ins Ausland, insbesondere außerhalb des EWR/EU übertragen? Dann bitte hierüber informieren (und natürlich die rechtlichen Voraussetzungen dafür einhalten). Besondere Bedeutung hat dieses Thema oft bei Webseitenbetreibern, die Newsletter versenden oder in anderer Weise E-Mail-Marketing betreiben. Was hier zu beachten ist und wie man die Datenschutzerklärung zu diesem Punkt formulieren könnte, habe ich in meinem E-Book „E-Mail-Marketing ohne Rechts-Stress“ beschrieben.

- Ansprechpartner für Datenschutzfragen
- Folgen, falls die Einwilligung verweigert wird: Ist das Angebot trotzdem nutzbar? Nur eingeschränkt oder gar nicht?
- Gibt es auf Ihrer Webseite einen Facebook-Like-Button? Auch

darüber muss in der Datenschutzerklärung vollständig informiert werden, da hier Daten übertragen werden. Facebook (und andere Social Media-Seiten) erhalten Daten; ist man beim Netzwerk eingeloggt, sogar personenbezogene Daten. Bei Facebook (und anderen Plattformen) gilt aber noch eine Besonderheit: Facebook ist nicht zu Unrecht als „Datenkrake" bekannt – man nimmt also, was man kriegen kann. Dies gilt sogar dann, wenn der Nutzer noch nicht auf den Like-Button geklickt hat. Außerdem kann ich über etwas, was ich nicht weiß, auch nicht informieren – und welche Daten Facebook abgreift und was es damit macht, ist nicht bekannt (wenn Sie nicht gerade Mark Zuckerberg sind). Es gibt bereits Gerichtsentscheidungen, die die

Verwendung eines normalen Facebook-Like-Buttons beanstandet haben! Der FB-Button auf der Seite ist also abmahnbar. Vor dem Hintergrund der geschilderten rechtlichen Probleme sind jedoch bereits technische Lösungen entwickelt worden. So hat Heise.de eine Software entwickelt, die den Facebook-Like-Button quasi abdeckt und ihn erst auf explizite Bestätigung des Nutzers freigibt. Dies sieht dann so aus, dass der Nutzer zunächst auf einen ersten Facebook-Button klickt, daraufhin einen Hinweis bekommt und erst bei Bestätigung den richtigen Like-Button anklicken kann. Derartige Software finden Sie beispielsweise bei Heise. Mittlerweile wurde diese Lösung weiterentwickelt, so dass nur noch ein Klick nötig ist und jetzt auch datenschutzkonform hoher

Nutzerkomfort geboten wird (Shariff-Projekt). Bitte daher unbedingt "Shariff" & Co. verwenden und hierauf auch in der Datenschutzerklärung hinweisen. Das ist zwar keine hundertprozentig saubere Lösung, denn das Problem, dass Sie über die weitergegebenen Daten nicht informieren können, und ohne Information keine wirksame Einwilligung möglich ist, bleibt. Auf diese Weise kann aber der Nutzer immerhin entscheiden, ob er sich dem Zugriff von Facebook aussetzen möchte. Aber der "pure" FB-Like-Button geht gar nicht, und zwar egal, was Sie in der Datenschutzerklärung schreiben. Bitte auch nicht von hierzu kursierenden Mustern verwirren lassen.

Und wie kann eine solche

Datenschutzerklärung nun praktisch aussehen? Bei aller Vorsicht vor Mustern und der immer bestehenden Notwendigkeit, diese an die konkrete Situation anzupassen, möchte ich Ihnen eine Formulierungshilfe geben: Da sich die Anforderungen ändern können, habe ich einen Mustertext formuliert: Jetzt unter www.christianetischer.de/homepagebuch/ downloaden! Bitte aber daran denken: Genau prüfen, was für Ihre Webseite stimmt und was nicht und gegebenenfalls mit dem technisch Verantwortlichen besprechen. Was Sie unbedingt vermeiden sollten, ist, eine Datenschutzerklärung einfach von einer anderen Internetseite zu kopieren, also zu klauen. Abgesehen von den urheberrechtlichen Themen (auch Rechtstexte sind urheberrechtlich geschützt) birgt dies die Gefahr, Fehler abzuschreiben oder auch Dinge zu übernehmen, die zwar für den ursprünglichen Einsatz der Erklärung korrekt waren, bei Ihnen aber nicht zutreffen.

LEGAL STUFF 003: Überblick über Impressum, Datenschutzerklärung, Kontaktformular

Kontaktformular

Das Thema "Kontaktformular" klingt zunächst einmal harmlos. Aber so ganz ohne ist es dann doch nicht. Einen Punkt haben wir schon kurz angesprochen: die Datenschutzerklärung. Wer ein Kontaktformular auf seiner Webseite hat, muss in der Datenschutzerklärung über Art, Umfang und Zweck der Erhebung und Verwendung personenbezogener Daten unterrichten. Tut er dies nicht, können Mitbewerber oder Wettbewerbsverbände abmahnen sowie gerichtliche

Unterlassungsansprüche geltend machen. Ein entsprechendes Urteil des OLG Köln wurde am 11.3.2016 gesprochen.

Aufgrund der datenschutzrechtlichen Thematik – schließlich geben die Nutzer personenbezogene Daten ein – ist das Thema "Fehlende oder unrichtige Information in der Datenschutzerklärung" auch ein Ansatzpunkt für Datenschutzbehörden. Denn die Zustimmung, Ihnen personenbezogene Daten über das Formular zu senden, kann der Nutzer Ihnen nur wirksam erteilen, wenn er hinreichend darüber informiert wurde, wozu er denn konkret mit Übersendung der Daten zustimmt. Aber auch in anderer Weise kann die Datenschutzbehörde oder ein abmahnwilliger Mitbewerber im Zusammenhang mit Kontaktformularen hellhörig werden: im Hinblick auf die Datensparsamkeit, aber auch hinsichtlich einer möglicherweise fehlenden

Verschlüsselung.

Im Datenschutzrecht gilt der Grundsatz der Datensparsamkeit. Daher dürfen in einem Kontaktformular nur diejenigen Felder Pflichtfelder sein, die tatsächlich objektiv dafür erforderlich sind, die Anfrage zu beantworten. Und das ist ausschließlich die E-Mail-Adresse. Kennzeichnen Sie andere Felder als Pflichtfelder, so ist dies ein abmahnbarer und von der Datenschutzbehörde sanktionierbarer Rechtsverstoß. Das gilt übrigens nicht nur für Kontaktformulare, sondern auch für Opt-In-Formulare beim E-Mail-Marketing. Auch hier bitte nur die E-Mail-Adresse als Pflichtangabe anfordern.

Das zweite Thema ist die Verschlüsselung. Daten, die über das Kontaktformular an Sie gesendet werden, müssen verschlüsselt übertragen werden. Passiert dies nicht, so kann auch dies abgemahnt werden – und es ist ein Thema, das Datenschutzbehörden interessiert. Es hat schon Bußgelder wegen der Verwendung unverschlüsselter Kommunikation bei Kontaktformularen gegeben. Bitte also prüfen, ob auf Ihrer Webseite alle Kontaktformulare Daten nur verschlüsselt übertragen. Dabei nicht nur an klassische Kontaktformulare denken, sondern auch an Opt-In Formulare, Logins zu Mitgliederbereichen oder Kommentarfunktionen beispielsweise ihres Blogs. Haben Sie eine Web-Agentur oder einen IT-Dienstleister, so können diese ihnen das sagen. Sie richten auch die Verschlüsselung ein.

Wer seine Webseite in eigener Regie betreibt, sollte auf Folgendes achten: Bitte alle Seiten, die ein solches Kontaktformular enthalten, über SSL/HTTPS einbinden und darauf achten, dass direkte Aufrufe dieser Seiten über HTTP nicht möglich sind, sondern diese Aufrufe automatisch auf

HTTPS umgeleitet werden. Bei dieser Gelegenheit bitte gleich prüfen, ob Ihr SSL-Zertifikat eine Schlüssellänge größer als 1024 Bit hat (idealerweise mindestens 2048 Bit). Sicherheitshalber auch nachschauen, ob Ihr Webserver die langen Schlüssel auch tatsächlich nutzt (Konfiguration checken und gegebenenfalls anpassen). Nun noch beim Mailserver nachschauen, ob als Übertragungsart STARTTLS eingestellt ist. Auch hier auf die Schlüssellänge achten und gegebenenfalls einen besseren Schlüssel besorgen. Außerdem lohnt es sich, darauf zu achten, dass die Software sowohl auf Ihrem Webserver als auch Ihrem Mailserver aktuell ist, so dass bekannte Sicherheitslücken geschlossen sind.

LEGAL STUFF 003: Überblick über Impressum, Datenschutzerklärung, Kontaktformular

Cookie-Hinweis

Über Cookies haben wir schon beim Thema Datenschutzerklärung etwas gesprochen und ich habe auch angedeutet, dass es hierzu noch eine Besonderheit gibt. Vielleicht ist es Ihnen aufgefallen: Seit einiger Zeit sind auf vielen Webseiten Hinweise zu sehen, dass die Seite Cookies verwendet; dass der Nutzer, wenn er auf der Seite bleibt, dem zustimmt, und dass in der Datenschutzerklärung mehr über Cookies zu erfahren ist. Ob ein solcher Cookie-Hinweis nötig ist, war rechtlich lange unklar. Hintergrund ist folgender: In der Cookie-Richtlinie der EU ist festgelegt, dass auch zur Verwendung von Cookies das Einverständnis der Nutzer eingeholt werden kann – und dass dies auch durch einen Hinweis und das Verbleiben des Nutzers („passive Einwilligung") erfolgen kann und der Nutzer nicht aktiv die Kenntnisnahme und das Einverständnis bestätigen muss.

Nun ist dieser Teil der europäischen Richtlinie nicht – jedenfalls nicht explizit – in dieser Weise in deutsches Recht umgesetzt worden. Strenge Datenschützer, wie beispielsweise die Landesdatenschutzbeauftragten, und einige Bundesländer vertreten daher die Ansicht, dass ein solcher Hinweis notwendig ist und die Richtlinie direkte Wirkung hat. Andere, wie etwa die Bundesregierung, vertreten die Auffassung, dass die Richtlinie vollständig ins deutsche Recht umgesetzt ist und daher mit der Einhaltung der deutschen Vorschriften dem Datenschutzgesetz insgesamt Genüge getan wird. Da die EU-Kommission sich im Wesentlichen der Regierungsposition angeschlossen hat, ist nicht unbedingt damit zu rechnen, dass es seitens des Gesetzgebers noch eine ausdrückliche Regelung zur Thematik geben wird.

Mittlerweile ist das Thema gelöst. Das

Oberlandesgericht Frankfurt am Main hat in einem Urteil vom 17.12.2015 festgestellt:

"Die erforderliche Einwilligung in die Cookie-Nutzung kann auch durch eine vorformulierte Erklärung, der der Nutzer durch Entfernen eines voreingestellten Häkchens widersprechen kann ("opt-out"), erteilt werden. Der Wirksamkeit der Einwilligung steht es nicht entgegen, wenn sämtliche erforderliche Informationen über Cookies nicht bereits in der Erklärung selbst, sondern in einem verlinkten Text gegeben werden. Zu den insoweit zu fordernden Informationen gehört nicht die Identität der Dritten, die auf Grund der Einwilligung auf Cookies zugreifen können."

Also: Der Cookie-Hinweis ist jetzt Pflicht, aber eine Opt-Out-Lösung genügt, es muss also keine aktive Zustimmung ("Opt-In") eingeholt werden.

Ein Cookie-Hinweis kann als ein Ribbon oben oder unten auf die Seite gesetzt werden und auf die Cookie-Verwendung hinweisen und klarstellen, dass der Nutzer, der auf dieser Seite bleibt, sein Einverständnis dazu gibt. Für die weiteren Informationen kann auf die Datenschutzerklärungsseite verwiesen werden. Von einer den Nutzer immerhin schon eher irritierenden "Vorschaltseite", auf der Sie die Einwilligung aktiv einholen (Opt-In), kann man daher meiner Ansicht nach – trotz der Meinung einiger Datenschutzbehörden – ohne allzu großes Risiko abzusehen.

Disclaimer und "Keine Abmahnung ohne Kontakt"

Um es gleich vorwegzunehmen: Das Landgericht Hamburg hat 1998 nicht (ich wiederhole: nicht) entschieden, dass man die Haftung für Links mit einem Disclaimer, idealerweise noch mit Verweis auf das besagte Urteil, umgehen kann. Diese „urban legend" hält sich hartnäckig im Internet und hat in einer unübersehbaren Vielzahl von Disclaimern unterhalb des Impressums Aufnahme gefunden.

Hintergrund ist folgender: In dem besagten Urteil (LG Hamburg, Urteil vom 12.05.1998 (312 O 85/98)) ging es darum, dass der Beklagte eine Linksammlung zu ehrverletzenden Äußerungen über den Kläger zusammengestellt hatte. Der Beklagte hatte eine „Haftungsfreizeichnungsklausel" auf seiner Webseite aufgenommen und klargestellt, dass er hierfür keinerlei Verantwortung übernehme. Das Landgericht Hamburg hat festgestellt, dass die fraglichen verlinkten Inhalte von der durch Art. 5 Grundgesetz geschützten Meinungsfreiheit nicht mehr gedeckt sind. Das Gericht stellte unter Bezugnahme auf eine ältere Entscheidung des Bundesgerichtshofs fest, dass das

Verbreiten einer herabsetzenden Tatsachenbehauptung, die von einem Dritten über einen anderen aufgestellt wurde, dann eine Persönlichkeitsrechtsverletzung darstellt, wenn derjenige, der die Behauptung wiedergibt, „sich nicht ausreichend von ihr distanziert." Und hier kommt der Disclaimer ins Spiel: Dieser reicht nach Ansicht des Landgerichts Hamburg nicht, da der Beklagte zwar auf die eigene Verantwortung der jeweiligen Autoren verweist, aber dies nur „formal". Inhaltlich machte der Webseitenbetreiber sich die Aussagen – wie durch die Zusammenstellung ersichtlich – zu eigen. Dies sieht das Gericht als eigene Verbreitung an.

Ich berichte über das Urteil so ausführlich, weil es – zumindest meinem Eindruck nach – das meistzitierte im deutschsprachigen Internet ist – und von denjenigen, die es nennen, falsch verstanden wird. Sogar

Anwälte haben einen solchen Disclaimer schon abgeschrieben – dabei sagt das Urteil letztlich genau das Gegenteil von dem, wofür es herangezogen wird. Der tatsächliche Inhalt ist im Wesentlichen unspektakulär: Eine Äußerung wiederzugeben und dazuzusagen, dass der Autor verantwortlich sei, entlastet nicht. Der langen Rede kurzer Sinn: Bitte keine Disclaimer mit Hinweis auf das berühmte Hamburger Urteil verwenden. Wenn Sie einen sehr bösartigen Konkurrenten haben, kann er Sie deswegen sogar abmahnen. Für dic Link-Haftung gelten die gesetzlichen Regeln. Welche das sind, verrate ich Ihnen im Kapitel "Haftung".

Psychologisch kann ein – vorsichtig formulierter – Disclaimer ohne Hamburger Urteil durchaus Sinn ergeben, wenn er andere Leute, die sich von der Internetseite gestört fühlen, dazu bringt, sich zunächst außergerichtlich zu melden und außerhalb einer formalen Abmahnung eine Lösung zu suchen. Dies ist meist der bessere Weg, mit Konflikten umzugehen. Sie wollen schließlich Ihr Unternehmen voranbringen und keine Rechtsstreitigkeiten führen.

Teilweise werden im Bereich eines Disclaimers auch „Verlinkungsregeln" aufgestellt. Hier weist der Webseitenbetreiber darauf hin, dass zwar gerne Links auf seine Webseite gesetzt werden dürfen, hierbei aber bestimmte Bedingungen zu beachten sind, etwa, dass die Verlinkung innerhalb einer bestimmten Frist mitgeteilt werden muss oder dass ein Framing unzulässig ist. Solche Klauseln entfalten im Zweifel keine Wirkung: Eine Webseite ist nicht gegen Verlinkung geschützt, wie dies etwa beispielsweise beim Urheberschutz von Werken der Fall ist. Daher können keine „Linknutzungsbedingungen" einseitig festgelegt werden. Denkbar wäre nur ein

„Verlinkungsvertrag" – dieser setzt jedoch eine vertragliche Annahmeerklärung desjenigen, der den Link setzt, voraus. Typischerweise werden aber solche „Verlinkungsregeln" versteckt unter das Impressum gesetzt, wo sie im Zweifel niemand liest, also auch keine Zustimmung erbeten und entsprechend auch nicht erklärt wird. Daher sollte auf solche „Verlinkungsbedingungen" verzichtet werden.

Achtung: Häufig liest man in Disclaimern den Satz: "Keine Abmahnung ohne vorherigen Kontakt". Leider ist dies nicht verbindlich, ein Abmahner darf auch ohne den erbetenen Hinweis tätig werden. Eine solche Bitte auf der Webseite kann sich jedoch als Bumerang erweisen, wenn man selber jemanden abmahnt, ohne vorher zu kontaktieren. Die Gerichte sehen ein solches Verhalten als widersprüchlich an – einerseits einen außergerichtlichen kostenfreien

Hinweis bei eigenen Rechtsverletzungen fordern, andererseits selber einfach so abmahnen. Abmahnkosten bekamen daher diese Herrschaften vom Gericht nicht zugesprochen (OLG Düsseldorf, Urteil vom 26.01.2016).

NEU: Datenschutz-Grundverordnung

Die Datenschutzgrundverordnung kommt. Sie liegt bereits vor, anwendbar wird sie ab 25.5.2018. Sie ersetzt die bisherigen Regelungen des deutschen Telemediengesetzes, was die Datenschutzfragen angeht. Dann gilt sie aber auch – ohne weitere Übergangsfrist! Das bedeutet: Bis dahin muss alles an die neuen Regelungen angepasst sein.

Allerdings stellt man bei einem Blick in das Regelwerk fest, dass es gar keine konkreten Regelungen zu Webseiten, Verknüpfungen zu Social Media oder allgemein nicht zu konkreten Fragen des Internetrechts gibt. Vielmehr bleibt die Datenschutzgrundverordnung auf einem eher allgemeinen, abstrakten Level.

Das bedeutet aber natürlich nicht, dass man die Regelung als „abstraktes europäisches Zeug" ignorieren könnte. Denn mit der Datenschutzgrundverordnung ist für Unternehmen ein großes Haftungsrisiko verbunden: Die Bußgelder wurden im Vergleich zur bisherigen gesetzlichen Regelung versechzigfacht und es gibt in der neuen Datenschutzgrundverordnung Sanktionierungsmöglichkeiten auch für Themen und Vorgaben, die bisher kaum sanktioniert waren. Darüber hinaus sind die Datenschutzbehörden zur Umsetzung der Verordnung und Sanktionierung verpflichtet, dementsprechend wird bereits über eine Aufstockung des Personals bei den Aufsichtsbehörden berichtet. Das betrifft Webseitenbetreiber natürlich besonders, da mit Suchfunktionen Datenschutzverstöße gut ermittelbar sind, und einige Landesdatenschutzbehörden entsprech-ende Spezialsoftware haben.

Die Datenschutzbehörden haben bereits deutlich höhere Bußgelder und mehr Verfahren (aufgrund häufigerer Prüfungen) angekündigt. Außerdem können durch die öffentliche Diskussion sensibilisierte unzufriedene Mitarbeiter, Kunden oder potenzielle Kunden die Datenschutzbehörde einschalten. Theoretisch sind auch Ermittlungen und Berichte der Presse denkbar.

Nach den bisherigen Regelungen ist gemäß § 43 BDSG ein Bußgeld von bis zu 300.000 EUR pro Einzelfall möglich und es gibt strafrechtliche Sanktionen gemäß § 44 BDSG. Nach der DSGVO gilt nun: Die maximale Geldbuße beträgt bis 20 Mio. Euro oder bis zu 4% des gesamten weltweit erzielten Jahresumsatzes im vorangegangenen Geschäftsjahr, je nachdem, welcher Wert der höhere ist. Es gilt der Jahresumsatz des gesamten

Konzerns („großes Bußgeld"). Für einige Verstöße ist ein „kleiner Bußgeldrahmen" festgelegt: bis 10 Mio. Euro oder 2% des Konzernjahresumsatzes. Als weitere Sanktionen drohen Gewinnabschöpfung, Anordnung zur Beendigung des Verstoßes, zeitlich begrenztes oder endgültiges Verbot der Datenverarbeitung. Schon deshalb: Nehmen Sie das Thema ernst!

Als Bemessungskriterien (Art. 83) für die Höhe des Bußgelds spielen neben Art, Schwere und Dauer des Verstoßes auch der Vorsatz bzw. Fahrlässigkeit und die getroffenen Maßnahmen zur Minderung des entstandenen Schadens eine Rolle. Wichtig ist aber auch der Grad der Verantwortung unter Berücksichtigung der getroffenen technischen und organisatorischen Maßnahmen. Auch unter diesem Aspekt besteht daher Handlungsbedarf, um sich bestmöglich vorzubereiten oder bei Verstößen entsprechend milder belangt zu werden, da man als Unternehmen zumindest erforderliche Maßnahmen ermittelt, getroffen und dokumentiert hat. Hieraus folgt die Notwendigkeit, Datenbestand, Datenflüsse und Datenverarbeitungsprozesse vollständig zu ermitteln, zu dokumentieren und anzupassen. Auch und besonders mit Bezug auf die Webseite, etwa Datenerhebung und Datenflüsse, Datenschutzerklärung und eventuellem E-Mail-Marketing oder Trackern bzw. Analysesoftware.

Folgende wichtige Anforderungen stellt die Datenschutzgrundverordnung auf. Hierbei handelt es sich um zentrale Anforderungen, die Aufstellung ist nicht erschöpfend:

- Datenschutz durch Technik und durch datenschutzfreundliche Voreinstellungen sicherstellen

- Verzeichnis von Verarbeitungstätigkeiten erstellen; hier müssen umfangreiche Informationen über die (jeweils konkreten) Verarbeitungen von Daten zusammengestellt werden, insbesondere Zweck, Kategorien von betroffenen Personen, personenbezogenen Daten, Empfängern, Löschungsfristen und technischen und organisatorischen Maßnahmen, Empfängern, Übermittlung an Drittländer. Natürlich auch für alles, was mit der Webseite zu tun hat.

- Regelungen zu Informationspflichten gegenüber dem Betroffenen wurden deutlich erweitert, darüber hinaus wird in vielen Erwägungsgründen der DSGVO eine „faire und transparente Verarbeitung" gefordert. Werden personenbezogene Daten erhoben, müssen den Betroffenen verschiedene Informationen mitgeteilt werden – und zwar unabhängig davon, ob die Daten beim Betroffenen selbst oder in anderer Weise erhoben werden.

- Kooperationspflicht, wenn die Aufsichtsbehörde dies verlangt
- Notwendigkeit von Datenschutz-Folgenabschätzungen: wenn eine Verarbeitung wahrscheinlich ein hohes Risiko verursacht (neue Technologien, aufgrund des Wesens, Umfangs, Kontextes oder der Zwecke), muss eine solche Abschätzung erfolgen. Wenn ein hohes Risiko ermittelt wird, ist die Behörde zu informieren, bei einigen Aktionen muss die Behörde auch vorher eingebunden werden. Hierzu wird es eine Positiv-/Negativ-Liste zu Technologien geben, wann die Behörde wie zu informieren ist. Hier

muss sichergestellt sein, dass derartige Prozesse sofort identifiziert und die Meldung veranlasst wird, ein Datenschutzbeauftragter ist einzubeziehen, gegebenenfalls ist auch der Betroffene miteinzubeziehen.

- Meldepflicht bei „Data Breach": Verletzungen des Schutzes personenbezogener Daten müssen an die Aufsichtsbehörde gemeldet werden, es sei denn, dass ein Risiko für Rechte und Freiheiten unwahrscheinlich ist. Data Breaches können sein: Hackerangriff, Verlust eines USB-Sticks, Diebstahl eines Smartphones oder unbefugtes Weitergeben von Daten durch Mitarbeiter. Versehentliche Einsehbarkeit von gesammelten E-Mail-Adressen. Unverzügliche Meldung (ohne schuldhaftes Zögern!) bedeutet idealerweise sofortige Information binnen 24 Stunden. Vollständige Meldung muss dann binnen höchstens 72 Stunden nach Bekanntwerden der Verletzung erfolgen. Grundsätzlich besteht auch die Pflicht, den Betroffenen zu benachrichtigen, es sei denn, dass kein hohes Risiko besteht. Wenn also etwas schiefgegangen ist, herrscht SOFORT Alarmstufe Rot!

Um die Anforderungen zu erfüllen und auch die Nachweispflicht gegenüber den Behörden sicherzustellen ist es empfehlenswert, ein Datenschutzmanagementsystem einzuführen. Dieses muss, auch wenn Sie als "Einzelkämpfer" unterwegs sind, folgende Punkte mindestens abdecken:

- Sicherstellung des Schutzes der personenbezogenen Daten
- Einhaltung der Grundsätze für die

Verarbeitung personenbezogener Daten sicherstellen

- Erstellung und Pflege eines Verzeichnisses aller Verarbeitungstätigkeiten, Sie müssen also alle Tools und Systeme auflisten, die personenbezogene Daten speichern, und dokumentieren, wie die Datenflüsse laufen, was also genau mit den jeweiligen Daten passiert
- Datenschutzfolgenabschätzung für alle relevanten Prozesse, auch künftig hinzukommende Risiken und mögliche Probleme bei der Datenverarbeitung müssen erkannt und bewertet werde
- Prozesse zur Information der Betroffenen bei Datenerhebung definieren, Einwilligungserklärungen neu fassen, auch sämtliche bestehende Einwilligungen sind zu prüfen, da diese nur fortgelten, wenn

sie bereits die Vorgaben der DSGVO erfüllen

- Technische und organisatorische Maßnahmen zum Datenschutz: Sie müssen interne Strategien festlegen und Maßnahmen treffen, die den Datenschutz sicherstellen. Hierzu müssen alle Prozesse geprüft und gegebenenfalls angepasst werden (z.B. Minimierung der Verarbeitung personenbezogener Daten, raschestmögliche Pseudonymisierung, Transparenz bei Funktion und Verarbeitung personenbezogener Daten, Überwachungsmöglichkeiten für betroffene Personen, Schaffung und Verbesserung von Sicherungs-funktionen)
- Überarbeitung der Datenschutzerklärungen der Homepage: Präzise, transparente, verständliche, klare und einfache

Sprache

- Jedenfalls bei Unternehmen, die über einen Solo-Selbständigen hinausgehen: Erstellung einer Datenschutzrichtlinie für das Unternehmen. Diese muss Fälle definieren, in denen die Mitarbeiter den Datenschutzbeauftragten anzusprechen und einzubinden haben (regelmäßig: Beschwerden von Betroffenen (Mitarbeiter, Kunden), Einführung eines neuen Tools/Systems, Einsatz eines neuen Dienstleisters, Werbemaßnahmen (z.B. Versand von Newslettern), Onlinemarketingmaßnahmen, Tracking-Tools etc.). Die Richtlinie muss tatsächlich umgesetzt werden und Sie sollten dokumentieren, wie Sie das sicherstellen. Außerdem müssen Mitarbeiter geschult und für das Thema sensibilisiert werden.
- Einbindung des

Datenschutzbeauftragten (falls bestellt)

- Lösch- und Sperrkonzepte für personenbezogene Daten sind verpflichtend („Recht auf Vergessen werden"). Wenn Sie Daten an Dritte weitergegeben oder veröffentlicht haben, müssen Sie die Löschungsanfrage eines Betroffenen weitergeben oder wenn Sie es ohne Zustimmung des Betroffenen getan haben, sogar die Löschung für den Betroffenen durchsetzen.
- Umfassende Nachweispflichten: Nicht nur Vorschriften einhalten, sondern dies auch nachweisen können! Daher muss durch das Datenschutzmanagement sichergestellt werden, dass sämtliche Maßnahmen auch dokumentiert werden und die Dokumentationen für Dritte (Behörde) nachvollziehbar sind. Ist

ein Nachweis nicht möglich, drohen Bußgelder, Schadenersatzansprüche und weitere Nachteile.

Um diese vielfältigen Anforderungen umzusetzen und auch Änderungen im Blick zu behalten, ist es wichtig, dass jemand die Verantwortung hierfür übernimmt und sich auch darum kümmert, dass die Webseite datenschutzrechtskonform ist und die dort erhobenen Daten entsprechend behandelt werden. Wenn Sie Ihr Unternehmen alleine betreiben, wissen Sie, wer diese zusätzliche Aufgabe nun auch noch übernimmt. Sind Sie in einem etwas größeren Unternehmen tätig, ist es wichtig, dass ein konkreter Ansprechpartner dies erledigt und auch mit einem eventuell bestellten Datenschutzbeauftragten koordiniert. Denn dieser ist nicht dafür zuständig, sich eigenverantwortlich um die Angelegenheit zu kümmern!

Das Risiko bei Datenschutzverstößen steigt also drastisch: neben sechzigfach erhöhten Bußgeldern und einem erweiterten Kreis an Abmahnern fallen besonders die umfangreichen Dokumentations- und Organisationspflichten auf. Hier heißt es auch für Webseitenbetreiber: Datenschutzmanagement einrichten, auf das Datenschutzmanagement des Gesamtunternehmens abstimmen, und dokumentieren, dokumentieren, dokumentieren! Bleiben Sie Up-to-Date mit den Anforderungen, da sich hier vieles noch entwickelt. Die wichtigsten Regelungen habe ich in das Musterpaket aufgenommen. Wer es anfordert, erhält mit den gelegentlichen Updates auch Hinweise, wenn sich etwas Wichtiges für Webseitenbetreiber zum Thema Datenschutzgrundverordnung ergibt. Jetzt unter

www.christianetischer.de/homepagebuch/

downloaden und anmelden!

Haftung für Webseiteninhalte

Dass man für das haftet, was man selbst verbricht, also eigene Inhalte, dürfte selbstverständlich sein. Da hilft auch kein Disclaimer (siehe Kapitel "Disclaimer"). Wenn ich also auf meiner Internetseite einen Text veröffentliche, mit dem ich jemanden wüst beleidige, dann bin ich es, die dafür die Konsequenzen (Abmahnung mit Verpflichtung zur Unterlassungserklärung, Schadenersatz, möglicherweise sogar Strafanzeige) zu tragen hat. Gleiches gilt für (im geschäftlichen Bereich relevantere) Verstöße gegen das Wettbewerbs- und Urheberrecht. Spannender wird es, wenn es um Inhalte geht, die „eigentlich" gar nicht von Ihnen sind. Dies kann beispielsweise der Link auf eine andere Seite sein, auf der sich Unfreundlichkeiten rechtswidriger Art finden, oder unzulässige Kommentare unter einem Artikel oder eine per Frame eingebundene Seite mit nicht rechtskonformen Texten oder Bildern.

Sich darauf zu berufen, dass „man es nicht war", hat rechtlich betrachtet nur selten Erfolg.

"Wissen und Wollen" von Rechtsverletzungen anderer

Dass es ein Anderer war, der auf seiner Webseite rechtswidrige oder in sonstiger Weise zu beanstandende Aussagen vorhält, bedeutet nicht ohne weiteres, dass Sie hierfür nicht haften. Es kann genügen, wenn Sie die Rechtsverletzung anderer kennen und diese auch wollen. So hat beispielsweise das Landgericht Düsseldorf einen Arzt verurteilt, ebenfalls für den Wettbewerbsverstoß eines Versicherungsunternehmens zur haften (LG

Düsseldorf, Urteil vom 19.9.2016). Der Arzt betrieb unter anderem eine Klinik und verwies auf der Klinikwebseite unter dem Menüpunkt "Folgekosten-Versicherung" auf das Angebot eines Versicherungsunternehmens. Dieses Versicherungsunternehmen wiederum nannte den Arzt auf seiner, also der Versicherungsseite, als registrierten Facharzt. Ärzte dürfen aus berufsrechtlichen Gründen nicht in unlauterer Weise für gewerbliche Zwecke ihren Namen hergeben. Einen solchen Fall einer unlauteren Werbung mit dem Arztnamen nahm das Landgericht Düsseldorf vorliegend an – und sah nicht nur das Versicherungsunternehmen als Verantwortlichen, das den Verstoß auf seiner Seite begangen hatte, sondern auch den Arzt. Denn zwar geschieht die Werbung nicht auf seiner Internetseite, sondern auf der Webseite des Versicherungsunternehmens. Dort wurde der Arzt jedoch namentlich genannt und auch auf seine berufliche Qualifikation verwiesen. Dies war, wie sich im Gerichtsverfahren herausstellte, mit Wissen und Wollen des Arztes erfolgt – und damit war er "dabei". Also: Wer von Rechtsverletzungen anderer weiß, und auch will, dass der andere die fraglichen Inhalte auf seiner Webseite hat (und diese vielleicht sogar zur Verfügung gestellt hat), haftet wie der Webseiteninhaber.

Haftung für Framing

Framing bedeutet, dass Sie Inhalte, die auf anderen Internet-Seiten veröffentlicht wurden, in Ihre eigene Seite einbinden. Dass diese Inhalte von einer anderen Webseite stammen, oder genauer gesagt dort stehen und (ausschließlich) dort verbleiben und auf Ihrer Webseite "nur" gezeigt werden, sieht der Nutzer auf Ihrer Seite nicht notwendigerweise. Dass

Framing als solches keine Urheberrechtsverletzung ist, hat im Anschluss an ein EuGH-Urteil auch der Bundesgerichtshof entschieden (BGH, Urteil vom 9.7.2015). Eine wichtige Einschränkung nennt der BGH aber: die Inhalte müssen auf der "Original-Seite" mit Zustimmung des Rechtsinhabers für alle Internetnutzer zugänglich sein.

Stein des Anstoßes war ein kurzer Werbefilm, den ein Unternehmen für Wasserfilter zum Thema Wasserverschmutzung gedreht hatte. Dieses Filmchen landete auf ungeklärten Wegen auf YouTube – das Wasserfilter-Unternehmen versicherte, dies sei ohne seine Zustimmung geschehen. Diesen YouTube-Film banden nun Konkurrenten (genauer, Handelsvertreter eines Konkurrenzunternehmens) in ihre eigene Webseite mittels Framing ein. Die Frage war nun, ob das Anbieten eines solchen

Films im Framing-Rahmen urheberrechtlich ein "Öffentlich-Zugänglichmachen" ist. Das Landgericht verurteilte die Handelsvertreter, wenn auch zu einem moderaten Schadensersatz in Höhe von 1000 €, und natürlich auch zur Unterlassung. Sie durften also den Film nicht weiter verwenden. In der Berufung hatten sie dagegen mehr Glück und ein wenig auch vor dem Bundesgerichtshof. Der Bundesgerichtshof verwies auf eine Entscheidung des Europäischen Gerichtshofes, des EuGH – er hatte dort ein sogenanntes Vorabentscheidungsverfahren durchgeführt, also beim EuGH gefragt, wie europäisches Recht, bei dem es sich bei diesen urheberrechtlichen Themen schließlich handelt, zu verstehen ist. Der EuGH sieht Links zu Werken, die auf anderen Internetseiten mit Erlaubnis der Urheberrechtsinhaber frei zugänglich sind, nicht als eigenes Zugänglichmachen an. Das gilt auch für die Situation des Framings, die im wesentlichen Link-ähnlich ist, auch wenn das Werk in einer Art und Weise erscheint, dass der Nutzer nicht unbedingt erkennt, dass es von einer anderen Seite stammt. Der Bundesgerichtshof hat den EuGH jedoch so verstanden, dass das nur dann gilt, wenn die Inhalte mit Zustimmung des Rechteinhabers im Internet allgemein zugänglich sind. Ist das nicht so, so gelten andere Regeln. Deshalb muss jetzt das Berufungsgericht noch einmal ran. Es muss klären, ob tatsächlich eine Zustimmung vorlag, der Film also sozusagen berechtigt bei YouTube eingestellt wurde. Der BGH beschäftigt sich mit solchen tatsächlichen Dingen nicht selber, er vernimmt auch keine Zeugen oder Sachverständigen. Dies ist Aufgabe der Fachgerichte. Der BGH ist eine reine Revisionsinstanz, die sich ausschließlich mit Rechtsfragen befasst.

Framing ist also nur dann eine sichere Sache, wenn das Original rechtmäßig im

Internet unterwegs und sowieso für alle Nutzer anzusehen ist. Anders sieht es natürlich aus, wenn Inhalte beispielsweise von kostenpflichtigen oder Mitgliederseiten erst durch das Framing allgemein zugänglich gemacht werden oder, wie eben gesehen, das Werk sich nicht mit Zustimmung des Nutzers beispielsweise bei YouTube & Co. befindet. Dass beim Framing von außen nicht sichtbar ist, dass das Werk eingebunden ist, bedeutet aber nicht, dass man mit dieser Argumentation – "man sieht es schließlich nicht" – auch eine Kopie eines Bildes oder Textes auf die eigene Homepage übernehmen dürfte. Auch dann nicht, wenn das Original für alle zugänglich im Internet ist, und auch dann nicht, wenn Sie auf die Quelle verweisen oder verlinken. Gerade im Hinblick auf Bilder, aber auch hinsichtlich Texten besteht das Missverständnis, dass ich alles verwenden kann, solange ich auf die Quelle hinweise. Dies ist nicht richtig. Das Recht folgt den technischen Gegebenheiten und schaut auch genau, was quasi hinter den Kulissen passiert. Also bitte unbedingt beim Nutzungsberechtigten nachfragen und sich die Bestätigung schriftlich (E-Mail reicht) geben lassen. Achtung: Wenn Sie das Werk nicht vom Urheber bekommen, verlangt das Recht, dass Sie die ganze "Kette" bis zum Urheber hin überprüfen, also nicht aufhören zu fragen, bis sie ihn finden und er zustimmt. Für solche Inhalte haftet der Webseitenbetreiber, der sie einbindet, dann übrigens in vollem Umfang. Denn diese Inhalte macht er sich zu eigen – da gibt es keine Ausrede.

Mit der angedeuteten kreativen Argumentation – Übertragung der europarechtlichen Grundsätze zum Framing auf Online-Fotoklau – scheiterte ein Webseitenbetreiber denn auch vor dem OLG Düsseldorf (Urteil vom 16.6.2015). Das OLG unterschied die beiden Fälle, nämlich einerseits die Einbindung mittels Framing, und andererseits das Hochladen des Bildes auf den eigenen Server und dann folgend die Verlinkung. Letzteres ist und bleibt eine Urheberrechtsverletzung und zwar selbst dann, wenn das Original mit Zustimmung des Rechteinhabers im Internet veröffentlicht wurde. Denn technisch, und damit auch rechtlich gesehen, entsteht durch das Framing keine neue Kopie. Durch das Hochladen auf den eigenen Server dagegen sehr wohl.

Haftung für Links

Die Frage nach der Link-Haftung ist ein wichtiges Thema, das unlängst sogar durch die nicht-juristischen Medien ging. Wann hafte ich für Links, also konkret: Wann kann mich jemand für Inhalte abmahnen und Auskunft und Schadensersatz fordern, wenn ich diese Inhalte gar nicht auf meiner eigenen Homepage habe, sondern nur darauf verlinke? Hier hat ein aktuelles EuGH-Urteil viel Staub aufgewirbelt, und mittlerweile ist die neue Linie auch in der deutschen Rechtsprechung angekommen. Vorreiter war dabei das Landgericht Hamburg.

Eher zu Anfang des Internetzeitalters des Rechts wurde diskutiert, ob das Setzen von Links überhaupt zulässig ist – schließlich verwendet man damit die Bezeichnung der verlinkten Seite. Glücklicherweise sind die Gerichte schnell dahintergekommen, dass gerade diese Verlinkungsmöglichkeit Sinn des Internets ist und dass derjenige, der eine Internetseite bereitstellt, daher auch grundsätzlich in die Verlinkung einwilligt. Es stellt sich die Frage, wie es in Sonderfällen aussieht. Gestritten wurde hier beispielsweise über eine Internetseite, die automatisch im Internet frei zugängliche Presseartikel zusammenstellte und auf die Fundstellen verlinkte. Dieser Hinweis auf frei im Internet verfügbare Informationen wurde von den Gerichten abgesegnet. Wie wir im berühmten Hamburger Urteil gesehen haben, haftet man für Links, wenn man sich das dort Ausgeführte zu eigen macht oder wenn man – als Teilnehmer der Handlung – die Verbreitung unrechtmäßiger Inhalte wissentlich und willentlich unterstützt. Die Grundregel bei einer Haftung für verlinkte Inhalte lautete: Man haftete erst ab Kenntnis. Wenn also der Betroffene oder sogar ein Dritter darauf hinweist, dass der Link auf rechtlich zweifelhafte bzw. rechtswidrige Inhalte gerichtet ist, muss man sich damit beschäftigen, dies prüfen und gegebenenfalls den Link entfernen oder den Betreiber der verlinkten Seite dazu bekommen, die Inhalte zu ändern. Tut man dies nicht, war man mit „dran". Dabei geht die Rechtsprechung von einer Reaktionszeit von zwei bis fünf Tagen aus.

In diese problematischen Anfangszeiten ist das Recht, jedenfalls was Links auf kommerziell betriebenen Seiten wie Unternehmenswebseiten angeht, nach zwischenzeitlich liberaleren Tendenzen leider fast wieder zurückgekehrt, wenn auch unter anderen Vorzeichen.

Aber der Reihe nach.

Bisher war die Rechtsprechung oft noch gnädig gegenüber Link-Verwendern: so hat das OLG Köln (Urteil vom 19.2.2014) entschieden, dass eine bloße Verlinkung noch keine Haftung, etwa für wettbewerbswidrige Inhalte auf der verlinkten Seite, auslöst. Dort hatte ein Facharzt für Orthopädie über konkrete Behandlungen auf seiner Webseite informiert und am Schluss der Ausführungen einen Link auf eine andere Seite gesetzt mit dem Hinweis: "weitere Informationen, auch über die Studienlage finden Sie unter..." Auf dieser verlinkten Seite war dann die beanstandete, irreführende Information. Das OLG Köln sah eine Haftung für die verlinkten Inhalte nur dann als gegeben an, wenn der Webseitenbetreiber sich diese zu eigen macht – was bei einem bloßen Hinweis auf weitere Informationen und weiterführende Literatur bzw. Studien nicht der Fall sei, da hiermit nicht allem zugestimmt wird, was dort (in sich möglicherweise auch widersprechenden Studien) zu lesen ist. Das Urteil hat der Bundesgerichtshof gehalten (BGH, Urteil vom 18.6.2015).

Das dürfte, wenn ein solcher Fall erneut vor Gericht landet, möglicherweise nun anders ausgehen. Bisher hatte man mit allgemeinen Links ganz gute Karten, kritischer war die Verlinkung auf konkrete Angebote Dritter: Mit Urteil vom 11.12.2014 hat der Bundesgerichtshof klargestellt, dass auch eine bloße Verlinkung dafür ausreichen kann, dass der verlinkende Seitenbetreiber für Rechtsverstöße auf der Zielseite haftet. Dort hatte der Beklagte über die Bachblütentherapie berichtet und auf konkrete (beanstandete) Angebote bei Amazon verlinkt. Das genügt für eine Haftung: Mit dem Link fördert er den Verkauf der auf der Amazon-Produktseite angebotenen, konkreten Waren.

Zum Urheberrecht war der europäische Gerichtshof zunächst noch ganz vernünftig unterwegs: Es liegt, so entschied er, keine öffentliche Wiedergabe eines Werkes vor, wenn auf einer Internetseite anklickbare Links zu diesem Werk bereitgestellt werden, die auf einer anderen Internetseite frei zugänglich sind. Die Mitgliedsstaaten dürfen keinen weitergehenden Schutz der Inhaber eines Urheberrechts vorsehen, indem sie gesetzliche Regelungen schaffen, die eine öffentliche Wiedergabe auch dann annehmen, wenn eine solche Bewertung (öffentliche Wiedergabe und damit urheberrechtlich relevant) über die europarechtlichen Bestimmung hinausgehen, diesen Begriff also ausweiten (EuGH, Urteil vom 13.2.2014). Auf Deutsch: Es ist erlaubt, Links auf andere urheberrechtlich geschützte Werke zu setzen – das darf auch gesetzlich oder durch die Rechtsprechung nicht verboten werden. Eine gewisse Logik hat das, denn auf jeder Webseite finden sich im Normalfall urheberrechtlich geschützte Gestaltungen: Texte, Bilder, Videos und so weiter. Das bedeutet aber nicht, dass Sie nun bedenkenlos auf alles und jedes verlinken können. Denn nur wenig später hat der EuGH seine Rechtsprechung ganz erheblich eingeschränkt.

Und nun kommen wir zum angekündigten Rückfall des EuGH, zurück in die Anfangszeiten der Link-Rechtsprechung: in dem Verfahren GS Media/Sanoma (EuGH,

Urteil vom 8.9.2016) hat der EuGH entschieden, dass die Verlinkung auf eine Webseite mit urheberrechtswidrigen Inhalten ein Rechtsverstoß sein kann. Hierbei ist das maßgebliche Kriterium, nach dem das Gericht unterscheidet, die Frage, ob der Link mit Gewinnerzielungsabsicht gesetzt wurde. Und das wird äußerst weit verstanden. Alles auf einer Unternehmenswebseite ist hiervon umfasst, allgemein gesprochen alles, was mit der beruflichen wirtschaftlichen Tätigkeit des Seitenbetreibers zu tun hat.

Auch wenn das neue Urteil des EuGH von einigen Kommentatoren, insbesondere auch Spiegel Online, als günstig für Webseitenbetreiber gewertet und der Fortschritt der Freiheit im Internet gefeiert wird: Rechtlich gesehen handelt es sich um eine ganz erhebliche Verschärfung der Linkhaftung. Denn der EuGH meint, dass dann, wenn der Link in

Gewinnerzielungsabsicht gesetzt wurde (also praktisch alles, was auf einer kommerziellen Seite so unterwegs ist), der Webseitenbetreiber sozusagen grundsätzlich wusste, dass das Verlinkte rechtswidrig ist, also grundsätzlich bei Unternehmenswebseiten eine Link-Haftung besteht. Denn dass der Webseitenbetreiber von der Rechtswidrigkeit der verlinkten Seite wusste, wird bei Gewinnerzielungsabsicht vermutet. Man steht also, wenn man nun einen Link auf einer Unternehmenswebseite setzt, vor der dankbaren Aufgabe, die Rechtmäßigkeit der verlinkten Seite zu prüfen – und im Zweifel beweisen zu müssen, dass man nicht wusste, dass der verlinkte Inhalt urheberrechtswidrig veröffentlicht wurde. Bei den Anforderungen, die die Rechtsprechung gerade im gewerblichen Bereich an die Prüfung von Urheberrechten bzw. Nutzungsrechten anlegt, dürfte dies praktisch kaum jemals gelingen. Daher gilt:

Links müssen, bevor die Webseitenbetreiber sie setzt, noch sorgfältiger als sonst geprüft werden. Es genügt nicht, wie bisher eine „oberflächliche Offensichtlichkeitsprüfung" zu machen und abzuwarten, ob sich jemand beschwert und sodann auf die Beschwerde hin in eine verschärfte Prüfung einzutreten bzw. den Link zu löschen. Der EuGH hat also, so wie dies leider nicht zum ersten Mal geschieht, der Internetgemeinde keinen Dienst erwiesen, sondern mit seinen Formulierungen vielmehr gezeigt, dass die Funktionsweise des Internets und insbesondere der Stellenwert der Verlinkung noch nicht so ganz bei ihm angekommen ist.

Diese strenge neue Auslegung hat mittlerweile auch Deutschland erreicht, beginnend, wie bereits kurz angedeutet, beim Landgericht Hamburg (Landgericht Hamburg, Beschluss vom 18.11.2016). Der dortige Antragsteller – es handelt sich um ein einstweiliges Verfügungsverfahren – hatte ein Bild aus dem Bereich der Architekturfotografie unter eine Creative-Commons-Lizenz gestellt, welche die Kennzeichnung von Abwandlungen verlangt, und veröffentlicht. Dieses Bild wurde nun von einem Dritten bearbeitet und auf dessen Webseite gestellt, ohne dass korrekt auf die Bearbeitung hingewiesen wurde. Also: Der Dritte hielt die Bedingungen der Creative-Commons-Lizenz nicht ein, verwendete also das Bild unrechtmäßig. Auf die Seite mit diesem Bild verlinkte nun der Antragsgegner. Dieser betrieb eine gewerbliche Homepage. Deshalb sah das LG Hamburg ihn als verpflichtet an, die Inhalte der von ihm verlinkten Seiten sorgfältig zu prüfen und sich zu vergewissern, ob der verlinkte Inhalt rechtmäßig zugänglich gemacht wurde. Auch hier findet sich wieder der weite Begriff der Gewinnerzielungsabsicht: es ist egal, ob mit dem Link selbst Gewinn erzielt werden soll; die Rechtsprechung umfasst mit diesem Begriff alle Links auf gewerblichen Homepages. Das sind alle Webseiten, auf denen Waren oder Leistungen beworben oder angeboten werden. Hierbei reicht es, wenn eine solche Gewinnerzielung neben anderen Zwecken durch die Page beabsichtigt ist. Dem Landgericht Hamburg genügt es also, dass der Antragsgegner auf seiner Seite auch Lehrmaterial zum Kauf anbot, das er als Self-Publisher veröffentlicht hatte.

Einen weiteren spannenden Aspekt der Linkhaftung hat das OLG Stuttgart in einem Fall, in dem ich den Beklagten vertrat, ausgeführt: mein Mandant ist Schmuckdesigner und hat auf seiner Internetseite auf Ausstellungen verwiesen, bei denen Galerien seine Schmuckstücke gezeigt haben. Dabei verlinkte er auf die Homepage der jeweiligen Galerie. Ein

Konkurrent hielt die Darstellung auf den Galerieseiten für wettbewerbswidrig, da die Bezeichnungen dort mit seinem Unternehmenskennzeichen verwechslungsfähig seien. Ob das so war oder nicht, konnte das Oberlandesgericht Stuttgart sogar offenlassen: Das OLG unterstellte für das Verständnis der Galerie-Seiten das Vorwissen der Seitenbesucher meines Mandanten: Wer also auf der Webseite meines Mandanten ist, weiß, bei welchem Schmuckdesigner er sich gerade informiert. Wenn er hier etwas über Ausstellungen des Schmuckes liest und dem Galerie-Link folgt, und sodann Ausführungen über den von meinem Mandanten entworfenen Schmuck liest, kann er schließlich nicht im Irrtum sein, vom welchem Designer der Schmuck stammt. Denn den Konkurrenz-Schmuck boten die Galerien (vernünftigerweise) nicht an. Der Nutzer ist ja gerade dem Link auf die Galerieseite gefolgt, weil er sich für die

Ausstellung eben meines Mandanten interessierte, und daher konnte er kaum auf die Idee kommen, dass es sich bei den dort gezeigten Meisterwerken doch um andere Schmuckstücke handele. Das gilt sogar dann, wenn möglicherweise für völlig unbeteiligte dritte Galeriebesucher die Sache nicht so eindeutig sein mag. Also: Bei der Bewertung der verlinkten Seite ist sozusagen die Kenntnis der Seite, auf der der Link steht, zu unterstellen und daher von einem Vorwissen der Nutzer auszugehen, mit dem der Nutzer die verlinkte Seite liest. Das Urteil des OLG Stuttgart ist allerdings noch nicht rechtskräftig, bisher überlegt die Gegenseite noch, ob sie damit zum BGH geht. Aber grundsätzlich finde ich die Überlegung logisch zwingend. Falls sich hier noch etwas ergibt, wird natürlich sowohl in der Neuauflage dieses E-Books als auch in meinem Newsletter hierüber berichtet.

LEGAL STUFF 011: Haftung für Links

(nicht ganz auf aktuellem Stand)

Urheberrechtlicher Schutz für Content

Texte, Bilder und Videos sind von einer Internetseite natürlich nicht wegzudenken. Und auch hier lauern jede Menge rechtlicher Problemthemen. Zunächst einmal natürlich solche aus dem Urheberrecht. Darf ich das fragliche Bild oder Video auf meiner Homepage verwenden? Das Zitat auf meine Webseite übernehmen? Außerdem solche des Datenschutzrechts: Insbesondere bei der Einbindung von Videos aus YouTube & Co. schlagen die Datenkraken zu. Das muss sich natürlich auch in der Datenschutzerklärung und in der Handhabung der Einbindung niederschlagen um Ärger zu vermeiden. Hierum geht es im nächsten Abschnitt. Jetzt wollen wir uns erstmal dem Urheberrecht zuwenden.

Das Urheberrecht ist im Wesentlichen im Urhebergesetz geregelt. Hier geht es zum einen darum, welche Werke urheberrechtsschutzfähig sind. Außerdem geht es um die Rechtsposition, die dir das Urheberrecht gibt, sowie deren Umsetzung.

Ob ein Werk unter den Urheberrechtsschutz fällt, entscheidet sich an vier Elementen:

1. Persönliches Schaffen
2. Wahrnehmbare Formgestaltung (also keine bloßen Ideen und Konzepte)
3. Geistiger Gehalt
4. Eigenpersönliche Prägung (gewisses Maß an Individualität und Originalität)

Keine geistigen Schöpfungen des Autors sind wissenschaftliche, geschichtliche oder sonstige Tatsachen bzw. Fakten. Das bezieht sich aber nur auf die Tatsache als solche: die Darstellung einer solchen Tatsache in einem Text oder auch einem Diagramm ist durchaus urheberrechtlich geschützt. Die reine Idee, das Konzept, das Thema eines Buches beispielsweise oder auch ein grundlegendes Geschäftsmodell sind nicht geschützt.

Im Gegensatz zu Markenrechten handelt es sich bei Urheberrechten um Rechtspositionen, die bereits mit Erstellung des Werkes entstehen, also nicht in ein Register eingetragen werden müssen. Es gibt auch kein solches Register, das urheberrechtlich geschützte Werke aufnimmt. Vielmehr muss im Einzelfall entschieden werden, ob das Werk ein solches ist, das urheberrechtlich geschützt ist. Ist es das, gilt der Schutz per Gesetz – weitere Maßnahmen, um einen Schutz zu begründen, sind nicht erforderlich. Auch die oft verwendeten Urheber- oder Copyright-Vermerke sind hierfür ohne Relevanz. Es spricht allerdings auch nichts dagegen, einen Hinweis auf Ihr Urheberrecht zu verwenden. Grundsätzlich gelten alle urheberrechtlichen Vorschriften nur für Werke, die (noch) urheberrechtlich geschützt sind. Ist etwas gemeinfrei geworden (das Urheberrecht also 70 Jahre nach dem Tod des Urhebers erloschen), so kann es frei verwendet werden.

Beauftragen Sie eine Agentur damit, Ihre Webseite zu erstellen, hat es sich bewährt, darauf zu achten, dass man die Webseite selber ändern, jedenfalls aber neue Inhalte hinzufügen kann. Und achten Sie auch auf die Rechte-Regelung: Sie sollten die ausschließlichen Nutzungsrechte für alles bekommen, was die Agentur für Ihre Webseite an Texten, Grafiken, Bildern, Videos & Co. verwendet hat. Wo das nicht geht (z.B. Stockfotos), sollten Sie auf den

Umfang der Nutzungsrechte achten. Was genau ist erlaubt? Dürfen Sie das Bild auch für andere Zwecke, wie z.B. Flyer oder für Social-Media-Posts, verwenden? Das sollte mit der Agentur (schriftlich!) abgeklärt werden, und die Agentur muss auch die Haftung für die Gestaltungselemente übernehmen.

Achtung Webdesigner: Wer für einen Kundenauftrag ein Foto (gilt genauso natürlich für Videos etc.) verwendet, für das der Kunde später abgemahnt wird, haftet! Die Rechtsprechung geht stets davon aus, dass es zu den vertraglichen Pflichten eines Webdesigners gehört, nur Bilder zu verwenden, für die die Rechtslage klar ist und sich der Webdesigner auch hinreichend des Bestehens der Nutzungsberechtigung versichert hat (und zwar die ganze "Nutzungsrechte-Kette" entlang hin bis zum Urheber!). Nur dann darf er das entsprechende Bild für den Kundenauftrag verwenden. So hat beispielsweise auch das Landgericht Bochum einen Webdesigner verurteilt, der ein Bild aus seinem Fundus verwendet hat (und auch selber nicht mehr ganz so genau wusste, wie und wann das dort hineingeraten war). Der Webdesigner musste dem Kunden sämtliche Schäden erstatten (LG Bochum, Urteil vom 16.8.2016).

LEGAL STUFF 017: Urheberrecht schützen – Umgang mit Content-Dieben

Texte auf der Webseite – Werk oder nicht Werk, das ist hier die Frage

Texte unterliegen dem Schutz des Urheberrechts, wenn sie sich als persönliche Schöpfung darstellen. Je länger der Text, desto wahrscheinlicher ist dies gegeben. Wichtig ist, dass sich der Text nicht nur als einige Wörter darstellt, sondern eine individuelle, geistige Leistung des Autors ist.

Steht ein solcher Text unter Urheberrechtsschutz, so hat der Urheber das alleinige Recht, über die Veröffentlichung zu entscheiden und auch darüber entscheiden zu entscheiden, ob jemand den Text kopieren, ebenfalls nutzen, verändern usw. darf und ob ein Urhebervermerk zu verwenden ist und wie dieser gegebenenfalls aussehen muss. Zu unterscheiden ist zwischen dem Urheberpersönlichkeitsrecht (§§ 12 bis 14 UrhG – Veröffentlichung, Urhebernennung, Schutz vor Entstellung des Werkes) und den Verwertungsrechten. Diese zwei Seiten sind einheitlich zu sehen, so dass das Urheberrecht insgesamt nicht übertragbar ist und stets beim Urheber verbleibt. Nutzungsrechte können übertragen werden.

Um eine Übertragung von Nutzungsrechten handelt es sich auch dann, wenn von einer Lizenz die Rede ist.

Das bedeutet, dass diese Texte dann nicht ohne Zustimmung des Urhebers bzw. des Inhabers der entsprechenden Nutzungsrechte auf der Webseite verwendet werden dürfen. Und wenn der Urheber einen Vermerk über seine Urheberschaft fordert, dann ist dieser zu setzen. Und zwar so, wie der Urheber das verlangt. Das gilt auch, wenn man einen Text ein klein wenig verändert oder etwas paraphrasiert. Der Text muss nicht unbedingt künstlerisch wertvoll, literarisch hochstehend oder sonst besonders sein: auch Gebrauchstexte wie Werbetexte, Produktbeschreibungen, sogar juristische Texte wie allgemeine Geschäftsbedingungen, Datenschutzerklärungen und Ähnliches stehen unter Urheberrechtsschutz. Daher empfiehlt es sich nicht, einfach diese Dokumente von einer anderen Webseite zu kopieren.

Haben Sie den Text nicht vom Autor selbst erhalten und von ihm seine Zustimmung bekommen, so ist der Webseitenbetreiber verpflichtet, die Rechtekette bis zum Autoren genau zu prüfen. Hier ist ein ganz erheblicher Sorgfaltsmaßstab anzulegen.

Das ist ja alles schön und gut – aber kann ich nicht den fremden Text als Zitat verwenden, wenn er mir gut gefällt? Beispielsweise ein Gedicht, das zum Thema der Webseite passt, oder ein Zitat, das für die Unternehmensphilosophie steht oder die Branche betrifft, in der Ihr Unternehmen tätig ist. Das ist leider nicht einfach so möglich. Zitate sind urheberrechtlich nur in ganz engen Ausnahmefällen zulässig. Ist man zu großzügig mit den fremden Federn – selbst wenn man die Quelle angibt – droht die Abmahnung. Dies möchte ich nochmals betonen, weil es oft falsch gemacht wird: die Verpflichtung, die Zustimmung des Urhebers einzuholen, entfällt nicht, wenn ich einen Copyright-Vermerk setze, eine Quellenangabe mache, und auch dann nicht, wenn ich auf die Seite verlinke, wo ich mir den Text (oder das Bild) „ausgeborgt" habe! Das alles ändert nichts daran, dass es allein der Urheber bzw. Inhaber der Nutzungsrechte ist, der über eine Veröffentlichung entscheidet.

Was ist aber nun mit den Zitaten? Hier ist wieder eine der wenigen Stellen, wo ich einen Gesetzestext zitieren möchte (Zitate von Gesetzestexten und amtlichen Veröffentlichungen sind grundsätzlich zulässig):

§ 51 Urheberrechtsgesetz – Zitate
Zulässig ist die Vervielfältigung, Verbreitung und öffentliche Wiedergabe eines veröffentlichen Werkes zum Zweck des Zitates, sofern die Nutzung in ihrem Umfang durch den besonderen Zweck gerechtfertigt ist. Zulässig ist dies insbesondere, wenn

1. einzelne Werke nach der Veröffentlichung in ein selbständiges wissenschaftliches Werk zur Erläuterung des Inhaltes aufgenommen werden;
2. Stellen eines Werkes nach der Veröffentlichung in einem selbständigen Sprachwerk angeführt werden;
3. einzelne Stellen eines erschienenen Werkes der Musik in einem selbständigen Werk der Musik angeführt werden.

Zunächst folgende grundlegende Erkenntnis: Diese Regelungen sind Ausnahmen zum geschilderten grundsätzlichen umfassenden Urheberschutz. In diesen Fällen muss der Autor es dulden, dass Sie sein Werk auf Ihrer Webseite verwenden und es dort zitieren. Dies setzt grundsätzlich voraus, dass Sie das Zitat nicht verändern (Kürzungen, die Inhalte nicht verändern, sind okay) und dass Sie die Quelle nennen und korrekt bezeichnen.

Zitatberechtigung Nummer eins bezieht sich auf vollständige Werke. Diese dürfen nur in wissenschaftlichen Arbeiten zitiert werden – und unabhängig davon, wie sorgfältig Sie Ihre Unternehmenswebseite erstellen – den Anforderungen an ein wissenschaftliches Werk wird sie voraussichtlich nicht genügen. Umkehrschluss: Zitate, also die Übernahme ganzer Werke, gehen gar nicht. Jedenfalls auf einer Unternehmenshomepage.

Zitiert werden darf daher nur ein Teil des Werkes, und zwar derjenige, mit dem Sie sich auch auseinandersetzen. Was aber, wenn es nach objektiven Kriterien nur einheitlich verständlich ist? Dafür gibt es eine (ganz eng ausgelegte) Ausnahme, dann darf das Werk als Ganzes zitiert werden. Aber Achtung: Hier gilt wie immer im Zitatrecht, dass auch alle sonstigen Anforderungen erfüllt werden müssen. Die

Ausnahme heißt nicht, dass man solche "Einheitswerke" nun einfach so übernehmen kann.

Die wichtigste dieser Voraussetzungen besteht darin, dass das Zitat als solches verwendet werden muss, also einen bestimmten Zweck erfüllt. Hierbei reicht es nicht, dass – wie man es manchmal auf Homepages sieht – das Zitat als eine Art Motto genommen wird oder ohne weiteren Kommentar und Bezug beispielsweise unter dem Menü angezeigt wird, sei es, weil es so nett und treffend ist, zur Branche oder zur Ausrichtung des Unternehmens oder auch zur Geschäftsphilosophie des Unternehmers so gut passt. "Einen Zweck erfüllen" heißt, dass ein Zweck im zitatrechtlichen Sinne gegeben ist. Konkret: ein Zitat darf, ähnlich wie bei wissenschaftlichen Werken, dann eingesetzt werden, wenn ich mich mit der zitierten Ansicht geistig auseinandersetze

("Ich finde das ein Superzitat" oder "cooles Bild" reicht hier natürlich nicht) und ich das Zitat als Beleg für meine Äußerung übernehme oder mich kritisch mit der Äußerung auseinandersetze. Das setzt logischerweise voraus, dass ich hierzu eine eigene Stellungnahme, die also durchaus eine gewisse Länge und Ausführlichkeit erreichen muss, abgebe. In welchem Medium dies geschieht, ist dagegen nicht entscheidend. Wenn ein Zitat rein für sich steht und z.B. einen ästhetischen Zweck erfüllt, ist dies nicht vom Zitatrecht gedeckt!

Bei der Auswahl von Zitaten für "Dekorationszwecke" daher klassische Zitate wählen, also solche von Autoren, die lange tot sind: Zitate sind ohne Rücksicht auf die Zitatregeln in Ordnung, wenn die zitierte Person seit über 70 Jahren nicht mehr lebt.

Die gute Auffindbarkeit von Inhalten,

insbesondere Texten, im Internet hat für CopyCats einen Nachteil: durch eine Suche, zum Beispiel mit Google, kann der Urheber problemlos charakteristische Formulierungen aus seinem Text finden und Sie erwischen, wenn Sie sich den Text "ausgeborgt" haben – und im Falle des Falles juristisch vorgehen. Daher muss, wer zu faul zum Schreiben ist, mit Abmahnungen rechnen. Die Findbarkeit hat natürlich auch eine positive Seite: Wer einen Text geschrieben und veröffentlicht hat und sich gegen "geistigen Diebstahl" verteidigen will, hat nun gute Karten. Er kann auch – um nicht regelmäßig googlen zu müssen – Google Alerts einrichten. Dann wird er per E-Mail informiert, wenn Google einen Treffer landet.

LEGAL STUFF 017: Urheberrecht schützen – Umgang mit Content-Dieben

Fotos und Bilder

Bei dem Thema Bildrechte handelt es sich um einen weiteren „Klassiker" des Internetrechts. Bilder sind grundsätzlich urheberrechtlich geschützt. Dies gilt auch und insbesondere für Fotos. Aber auch für Gemälde, Grafiken technische Zeichnungen, Karten, Avatar-Bilder und Titelbilder, sogar Schnappschüsse mit dem Smartphone. Der künstlerische Wert ist egal, entscheidend ist ein Mindestmaß an schöpferischer Eigenleistung.

Urheberrechtlicher Schutz für Bilder und Fotos

Das Urheberrecht unterscheidet zwischen Lichtbildern – also Fotos, auch geknipsten Schnappschüssen, ohne Rücksicht auf die künstlerische Qualität – und Lichtbildwerken.

Letztere haben künstlerischen Anspruch. Solche Objekte der Fotokunst sind nicht nur als Bilder geschützt, sondern auch die Motivauswahl sowie Ausrichtung ist vom Schutz umfasst. Denn auch bei diesen Aspekten handelt es sich bei Fotokunstwerken um eigenständige, geistige Schöpfungen des Urhebers – die Definition für ein urheberrechtlich geschütztes Werk. Wie man Fotos von Fotokunst unterscheidet? Das ist eine gute Frage, bei der ich leider nur auf den Einzelfall verweisen kann. Im Notfall muss ein Gericht festlegen, ob hier die Schwelle zum Lichtbildwerk („Kunst") überschritten ist. Dieses muss sich dann mit der Frage beschäftigen: Ist das Kunst oder kann das weg? Für Betreiber einer Unternehmenswebseite ist das weniger zentral: Wenn auch nur etwas eigene Leistung des Fotografen vorhanden ist, besteht Urheberschutz. Und das ist (fast) immer so – es sei denn, es wurde ein Bild nur gerade abfotografiert, also noch nicht einmal eine Perspektive gewählt. Aber Achtung: auch das Motiv kann geschützt sein. Bei Bildern bitte auch schauen, ob Personen abgebildet sind: Haben diese der Nutzung zugestimmt? Das ist nur dann nicht erforderlich, wenn die Person als Beiwerk erscheint oder an einer öffentlichen Veranstaltung teilnimmt (und in beiden Fällen nicht herausgehoben abgebildet ist). Ist eine Marke zu sehen? Vorsicht!

Dass „Bilder aus dem Internet" ohne Einwilligung verwendet werden, kommt leider äußerst häufig vor – und ebenfalls sehr häufig gibt es dann Ärger im Rahmen einer Abmahnung. Dabei ist sich der Täter oft keiner Schuld bewusst. Denn dass sämtliche Fotos unter Urheberrecht stehen, ist nicht unbedingt allen bekannt. Und dabei ist es egal, ob auf dem Bild oder dabei ein Copyright-Vermerk steht! Gerade dann, wenn es sich beispielsweise um

Produktfotos auf Ebay handelt (nein, die darf ich auch nicht auf meiner Seite oder meinem E-Bay-Angebot verwenden), und auch für Fotos, die bereits „Hinz und Kunz" auf Facebook geteilt haben. Es ist sogar für eine Urheberrechtsverletzung unerheblich, ob derjenige, von dem ich das Bild bekommen habe, mir gesagt hat, dass schon alles okay sei. Nutzungsrechte kann man nur von demjenigen bekommen, der die Urheberrechte bzw. entsprechenden Nutzungsrechte hat. Selbst wenn ich demjenigen, der mir die Bilder gegeben hat, absolut vertraut habe – sogar wenn dies eine Agentur war –, entlastet mich dies im Hinblick auf den Rechtsverstoß nicht. Diskustieren kann man dann allenfalls darüber, ob zusätzlich Schadenersatz zu leisten ist. Denn Schadenersatz wird nur dann fällig, wenn man das Recht des anderen schuldhaft, also fahrlässig oder vorsätzlich, verletzt hat. Der Rechteinhaber kann zwischen drei Berechnungsarten wählen: Er kann seinen ihm entgangenen Gewinn fordern, die Herausgabe des Gewinns des Rechtsverletzers verlangen oder – meist gewählt – einen fiktiven Schaden ersetzt verlangen, sprich: eine Lizenzzahlung fordern, die ein ehrlicher Nutzer gezahlt hätte.

Wer nicht schuldhaft handelt, zahlt keinen Schadensersatz – muss aber dennoch die Nutzung zukünftig unterlassen. Die Anforderungen an eine Schuldlosigkeit sind im Urheberrecht aber sehr, sehr streng. Da muss schon ganz schön etwas passieren, dass das Gericht nicht von Verschulden ausgeht. Denn gemäß Urhebergesetz ist derjenige, der ein Werk nutzt, verpflichtet, sich um die Nutzungsrechte zu kümmern – und auch entsprechend bei sämtlichen „Gliedern" der Nutzungsrechtskette bis hin zum Urheber nachzufragen. Gerichte beziffern diesen Schadenersatzanspruch meist auf das Doppelte der Normallizenz.

Und wenn der Urheber keine Lizenzen erteilt? Dann geht man von einer fiktiven Lizenz aus, die er erteilt hätte oder nimmt auf (angeblich) übliche Bedingungen wie die Designtarifverträge oder ähnliches Bezug. Schaut man sich diese Zahlenwerke einmal näher an, so ist man erstaunt: Hier werden ganz erhebliche Preise für Fotos und ähnliche Werke aufgerufen – die tatsächlich wohl kaum jemals gezahlt werden. Aber es hilft nichts: Einige Gerichte richten sich danach. Gerade dann, wenn der Strafzuschlag von 100% fällig wird, kann dies übel ausgehen.

Übel ausgehen können derartige Urheberstreitigkeiten auch deshalb, weil die Streitwerte recht hoch angesetzt werden. Zwar muss niemand den Streitwert bezahlen, er dient aber doch als Ansatzpunkt für die Berechnung der Anwalts- und Gerichtskosten. Diese können beachtlich sein.

Das Urheberrecht hat zeitlich einen erheblichen Umfang. Bei Lichtbildern gilt es 50 Jahre seit Aufnahme, bei Lichtbildwerken sogar 70 Jahre nach Tod des Urhebers. Grundsätzlich kann man daher davon ausgehen, dass ein Foto, das einem im Netz über den Weg läuft, urheberrechtlich geschützt ist. Dies gilt übrigens auch für Bildaufnahmen (Standbilder), die aus Filmen oder Videos entnommen wurden.

Beim Urheberrecht ist es egal, ob das Foto im privaten oder geschäftlichen Kontext verwendet wird oder daher stammt: Voraussetzung für den Urheberschutz ist lediglich ein urheberrechtsschutzfähiges Werk. Egal ist auch, ob ein Copyright-Vermerk angebracht ist oder nicht. Dieser weist nur – wenn er vorhanden ist – auf die Rechtslage hin; es kann sich auch um einen Urhebervermerk handeln, den der Urheber für die Zustimmung zur Veröffentlichung verlangt. Nur zur Klarstellung: Das Urheberrecht ist auch nicht davon abhängig, dass erkennbar ist, wer das Foto gemacht hat oder wer Rechte daran hat. Kann man dies nicht klären, darf man das Bild nicht verwenden. Anderenfalls besteht das Risiko, dass der Rechteinhaber sich mit einer Abmahnung unfreundlich in Erinnerung bringt. Ebenso wie bei Texten ist es mittlerweile nicht weiter schwierig, nach Bildern im Internet zu suchen. Daher kann ein Urheber/Rechteinhaber, der entweder einen Verdacht hat oder auf Ärger aus ist, problemlos mittels Google oder einer anderen Suchmaschine schauen, ob jemand sein Werk verwendet und ob dies berechtigt geschieht. Tipp für Bildkünstler: Mittels Photoshop Ihren Urheberhinweis in die Dateiinformationen aufnehmen. Dann können Sie bei einem verdächtigen Bild auf einer fremden Seite nachschauen, ob Sie in ebendiesen Dateiinformationen fündig werden.

Ein paar Chancen auf Bildnutzung ohne Lizenz habe ich jedoch: Ich darf tagesaktuelle Bilder im Rahmen der Bildberichterstattung verwenden (Quelle angeben) – muss sie aber dann wieder löschen.

Auch ein Bildzitat ist möglich – unter den genannten Voraussetzungen. Aber Achtung: Alle obigen Anforderungen (siehe Kapitel "Texte") an ein Zitat sind einhalten. Auch das Bild nicht verändern, das heißt: Farben nicht anpassen, nicht zuschneiden. Praktisch gibt es m.E. kaum einen Anwendungsbereich für Bildzitate auf einer Unternehmenshomepage.

Stockfotos – Bilder auf Vorrat

Beim Thema Fotos, insbesondere im Zusammenhang mit Unternehmenswebseiten, spielen die

Bildarchive (Stocks) eine sehr große Rolle. Bekannte Beispiele sind Fotolia, Depositphotos oder iStockphoto. Hier können Nutzer gegen eine geringe Gebühr Fotos herunterladen und erhalten Nutzungsrechte. Hierbei ist jedoch immer sehr genau zu prüfen, welche Nutzung konkret zugelassen wird und welche Bedingungen gelten. Die meisten dieser Fotoarchive verlangen, dass bei Nutzung ein Copyright-Vermerk gemacht wird. Je nach Archiv muss dieser entweder unmittelbar am Bild angebracht werden oder es genügt, wenn er in einem Bildnachweis oder ähnlichem (z.B. Impressum) erfolgt. Wichtig ist hierbei, sich die Nutzungsbedingungen anzuschauen und den Copyright-Vermerk genau so zu gestalten, wie dies gefordert wird. Anderenfalls besteht nämlich keine Nutzungsberechtigung für das Bild; dies kann teuer werden. Einige dieser Fotoarchive sind für eine rigorose Abmahnpolitik bekannt. Daher bitte die

Bedingungen genau einhalten – oder idealerweise selber Fotos machen.

Noch eine Anmerkung zum Thema Urhebervermerk: Die Rechtsprechung hat entschieden, dass ein Urhebervermerk in einem sogenannten Mouseover nicht genügt. Hierbei handelt es sich um einen kurzen Text, der angezeigt wird, wenn der Nutzer mit der Maus über das Bild fährt. Dies ist auch logisch: Schließlich nutzt nicht jeder eine Maus und kommt auch nicht notwendigerweise mit dem Mauszeiger über dem Bild vorbei.

Fotos unter CC-Lizenz

Angenommen, Sie greifen selbst zur Kamera oder zum iPhone: Wie sieht dann die Rechtslage aus? Hier gilt dasselbe, nur umgekehrt: Sie dürfen entscheiden, wer Ihr Foto wie nutzt und ob ein Copyright-Vermerk zu verwenden ist. Wenn Sie dazu nichts regeln, darf das Bild nur mit Ihrer Zustimmung verwendet werden. Hierzu können Sie auf Ihrer Webseite einen Hinweis verfassen, dass sämtliche Bilder unter Urheberrechtsschutz stehen und eine Verwendung nur mit ausdrücklicher schriftlicher Genehmigung zulässig ist. Erforderlich für einen Urheberrechtsschutz ist dies allerdings nicht. Wer weniger restriktiv sein will, kann auch die Nutzung seines Bildes freigeben. Hierbei bietet es sich an, auf bereits bestehende Lizenzmodelle, etwa die Creative Commons, zurückzugreifen.

Diese bieten folgende Möglichkeiten:

			Namensnennung
			Namensnennung – Keine Bearbeitung
			Namensnennung – Nicht Kommerziell
			Namensnennung – Nicht Kommerziell – Keine Bearbeitung
			Namensnennung – Nicht Kommerziell – Weitergabe unter gleichen Bedingungen
			Namensnennung – Weitergabe unter gleichen Bedingungen

Derzeit gibt es die Version 3.0 der CC-

Lizenzen auf Deutsch; die Version 4.0 ist bisher nur auf Englisch verfügbar. Weitere Informationen und Details bietet die CC-Webseite. Setzt man einen entsprechenden Vermerk und verlangt die Einhaltung dieser Lizenzen, so ist dies rechtlich bindend. Dies ist bereits gerichtlich festgestellt. Problematisch sind die CC-Lizenzen bei einer Verwendung der Werke auf Social Media-Plattformen: Die Vorgabe etwa, dass eine Weitergabe unter Bedingungen steht (Namensnennung etc.), beißt sich mit den Nutzungsbedingungen von Social Media-Plattformen wie etwa Facebook, die sich alle Rechte an dem Geposteten übertragen lassen. Also bitte keine solchen CC-Werke für Ihren Content verwenden, wenn Sie Share-Buttons von Facebook (oder anderen derartigen Plattformen) hierfür anbieten.

Fotos und Social Media

In Bezug auf Social Media gilt für Bilder im Wesentlichen dasselbe wie für Texte: Werden sie in solchen Plattformen gepostet, beispielsweise auf Facebook, so erhält Facebook laut den (insoweit wirksamen) Nutzungsbedingungen ein Nutzungsrecht an dem Bild. Das klappt natürlich nur, wenn der Nutzer auch über das entsprechende Recht verfügt. Spannend ist hier, dass die Verwendung eines Bildes im Social Media-Kontext eine gesonderte Nutzungsart ist. Hat man die Zustimmung des Urhebers dazu, das Bild auf der eigenen Seite zu verwenden, heißt das noch lange nicht, dass man es auch auf Social Media posten darf. Hier also aufpassen und nachfragen bzw. bei Stockfotos die Bedingungen lesen. Keine erbauliche Lektüre – spart aber viel Ärger.

Bei Facebook und Bildern gibt es eine weitere kleine Gemeinheit. Wenn man bei Facebook einen Link postet und auf der verlinkten Seite ein Bild zu sehen ist, so übernimmt Facebook dieses Bild in den eigenen Post. Es gibt zwar eine Möglichkeit, dies abzuschalten – dies ist jedoch eher kompliziert und wird im Normalfall nicht verwendet. Sieht man es streng rechtlich, so liegt auch in diesem Vorschaubild ein Rechtsverstoß. Theoretisch wäre auch dieser abmahnbar. Die Wahrscheinlichkeit, dass der Rechteinhaber sich jedoch an dem winzigen Bild auf Facebook stört, ist aber gering. Schließlich hat er den Vorteil, dass über den Link weiterer Traffic auf seiner Seite landet und diese weiterempfohlen und geteilt werden kann. Daher ist das Risiko übersichtlich – und es ist aus meiner Sicht durchaus okay, es in Kauf zu nehmen. Ich jedenfalls mache das so und mir ist bisher noch kein Fall bekannt geworden, dass jemand hieran Anstoß genommen hätte.

Videos einbinden

Video Content ist attraktiv: Viele Nutzer schauen sich Inhalte lieber als Video an, als diese zu lesen oder nur zu hören. Von daher ist es für Unternehmen oft von Interesse, etwas in den YouTube-Videos auf der eigenen Webseite einzubinden. Hier stellt sich dann aber die Frage der Urheberrechte sowie datenschutzrechtliche Fragen. Wie sieht es nun mit der Einbindung von YouTube-Videos auf der eigenen Webseite aus? Kein Problem gibt es selbstverständlich, wenn das Video selbst produziert wurde (und Sie am Material alle Rechte haben) und Sie es bei YouTube hochladen, um es anschließend in die eigene Seite einzubinden. Dies ist nicht nur technisch sinnvoll, da das Video dann nicht auf dem eigenen Server liegt, sondern auf dem von YouTube – und das Video möglicherweise auch weitere Interessenten auf das Unternehmen aufmerksam macht. YouTube gilt nicht zu Unrecht als eine der größten Suchmaschinen. Auch rechtlich ist diese Lösung selbstverständlich völlig okay: Wenn Sie alle Rechte an dem Video haben, können Sie es selbstverständlich bei YouTube hochladen und natürlich auch auf der eigenen Seite einbinden. Wenn man nun aber ein Video Dritter einbinden möchte, wird die Sache durchaus interessant. Für die Einbindung gelten die Framing-Vorschriften (siehe Kapitel "Haftung für Framing"), denn Videos werden typischerweise via Framing eingebunden. Diese Rechtsgrundsätze dürften auch für das Verlinken von Videos auf Facebook gelten. Auch hier wird das Video beim Setzen des Bildes eingebunden und in dem Beitrag angezeigt. Moment mal, haben Sie nicht oben gerade gelesen, dass das Einbinden von Fotos auf Facebook problematisch sei? Ja – der Unterschied erklärt sich daraus, dass die Technik, die Facebook verwendet, bei Videos und Fotos eine unterschiedliche ist. Der EuGH hat das

Framing von (rechtmäßig veröffentlichten) Videos nur zugelassen, wenn zwei Bedingungen erfüllt sind:

1. Es wird keiner anderen Personengruppe das Video zugänglich gemacht.
2. Es wird keine neue Technik verwendet.

Eine „andere Personengruppe" ist als solche zu verstehen, die sonst nicht zugreifen kann. Ein Video auf YouTube richtet sich an das gesamte Internet, sodass im Internet keine weiteren Personengruppen erschlossen werden können. Spannend wird diese Einschränkung dann, wenn Inhalte, die in Mitgliederbereichen angeboten werden, allgemein zugänglich gemacht werden. „Eine neue Technik" ist der Punkt, der den Unterschied von Videos und Bildern bei Facebook ausmacht: Videos sind dort lediglich im Rahmen des Framing eingebunden, verbleiben also technisch gesehen z.B. auf YouTube. Bilder dagegen werden direkt in den Beitrag eingebunden. Das macht praktisch keinen Unterschied; dies ist im Recht jedoch egal. Das ist ähnlich wie bei Tauschbörsen: Bei denjenigen, bei denen man lediglich „Werke herunterladen" kann, handelt es sich nur um eine unerlaubte Kopie. Bei Börsen wie beispielsweise BitTorrent, wo beim Herunterladen auch gleichzeitig wieder andere Mitglieder auf den bereits heruntergeladenen Teil zugreifen, handelt es sich dagegen auch um ein öffentliches Zugänglichmachen. Die rechtlichen Regeln sind unterschiedliche, auch wenn es in beiden Fällen dem Nutzer darum geht, den neuesten Kinofilm kostenlos auf seinen Rechner zu bekommen.

Dass ein legales Video eingebunden und geteilt werden darf, bezieht sich lediglich auf das Urheberrecht. Handelt es sich um ein

Video, das Persönlichkeitsrechte verletzt und aus sonstigen Gründen rechtlich unzulässig ist, kommt es durchaus in Betracht, dass durch das Einbinden oder Teilen der Inhalt zugerechnet wird. Allerdings vermute ich, dass man im unternehmerischen Bereich mit beleidigenden Videos weniger ein Thema hat. Spannender dürfte dies werden, wenn es um wettbewerbswidrige Inhalte geht, also das Video unrichtige relevante Aussagen zum Produkt oder der Leistung enthält oder Konkurrenten schlecht gemacht werden. Hier gehe ich nach der sehr strengen wettbewerbsrechtlichen Haftung davon aus, dass derjenige, der ein solches Video auf seiner Seite einbindet oder auch auf seinem Social Media-Profil teilt, wettbewerbsrechtlich hierfür haftet. Daher bitte ich YouTube Videos sehr sorgfältig anzusehen, bevor sie Gegenstand des eigenen Marketings werden.

Aber auch bei YouTube haben wir das auch

im Zusammenhang mit Facebook bestehende Datenschutzproblem: YouTube ist eine "Datenkrake" und trackt schon, wenn das Video noch nicht einmal angeklickt ist. Das zumindest lässt sich durch die Einbindung im erweiterten Datenschutzmodus (bitte immer verwenden) ausschließen.

Mittlerweile gibt es auch für die Einbindung von Videos auf Seiten, die mit Content Management -Systemen erstellt worden, elegante Lösungen. Als Beispiel für WordPress habe ich hier ein Plugin für eine Zwei-Klick-Lösung für Video-Einbindung verlinkt. Trotz allem bleiben die oben angesprochenen Datenschutz-Probleme: Man kann nicht konkret informieren, weil man als Seitenbetreiber das Tracking gar nicht genau kennt! Also bleibt hier ein Restrisiko – aber ungeschützt" sollten Video auf keinen Fall eingebunden werden.

LEGAL STUFF 018: Einbindung von Facebook-Plugins und YouTube-Videos

Online-Marketing mit der Webseite

Wer eine Webseite, besonders eine Unternehmenswebseite hat, will damit natürlich auch Umsatz machen bzw. Kunden auf sich aufmerksam machen. Also werben. Aber selbst wenn Sie nur eine reine Visitenkarte im Netz unterhalten, gilt dies rechtlich als Werbung. Hier ist das Gesetz sehr streng: Letztlich ist so gut wie alles, was man als Unternehmen kommuniziert, grundsätzlich einmal Werbung und unterliegt als solches den Regelungen des Wettbewerbsrechts, also des UWG. Hier macht natürlich auch Ihre Internetseite keine Ausnahme. Alles, was Sie also in Flyern oder Zeitungsanzeigen nicht schreiben dürfen, dürfen Sie auch nicht im Internet veröffentlichen. Klassische Themen hierfür sind z.B. die Spitzenstellungswerbung (der Größte, der Beste, die Nummer 1), wenn man nicht beweisen kann, dass dies zutrifft, sowie grundsätzlich jede Form der irreführenden Werbung. Da es hier für die Internetseite keine Sonderregelungen gibt und die Thematik äußerst umfangreich ist, so dass sie das vorliegende Werk sprengen würde, gehe ich hier nicht näher darauf ein. Ich möchte lediglich einige Aspekte des Onlinemarketings, die sich typischerweise auf Webseiten finden, herausgreifen.

E-Mail-Marketing

Bei vielen Webseiten gibt es die Möglichkeit, dass der Interessent seine E-Mail-Adresse eingibt, um einen Newsletter oder anderweitige Informationen zu erhalten. Da „Tragen Sie sich für den Newsletter ein" als Motivation meist nicht mehr reicht, bieten die meisten Webseitenbetreiber einen Lead-Magneten ("Freebie") an. Das ist eine Art Gegenleistung für die E-Mail-Adresse in Form eines kleinen E-Books, einer Checkliste oder eines Informationsvideos. Dies ist marketingtechnisch das Beste, was man tun kann. Nicht nur, weil das „Geld in der Liste" ist, wie die Onlinemarketer sagen, sondern auch, weil Sie so mit Ihren Interessenten und Kunden in Kontakt bleiben können. Zwar gibt es in WordPress auch Plugins, die das Newsletterthema technisch vollständig umsetzen können, die meisten Webseitenbetreiber arbeiten jedoch mit einem der E-Mail-Marketinganbieter wie beispielsweise AWeber, GetResponse, Mad Mimi oder CleverReach. Mit entsprechenden Plugins lassen sich diese E-Mail-Marketing-Systeme gut einbinden.

Im Zusammenhang mit dem E-Mail-Marketing gibt es eine Vielzahl rechtlicher Probleme. Das Thema ist so umfangreich, dass ich es in diesem Überblick für Webseitenbetreiber nicht umfassend behandeln kann. Daher habe ich ein E-Book "E-Mail-Marketing ohne Rechts-Stress" geschrieben, das vermutlich, wenn Sie das hier lesen, bereits veröffentlicht ist.

Daher hier nur ein kurzer Überblick über wesentliche Punkte: Ich darf grundsätzlich nur jemandem eine E-Mail schicken, der mir das explizit erlaubt hat – im Zweifel muss ich die Erlaubnis nachweisen. Denn im Wettbewerbsrecht (UWG) ist festgelegt, dass die unerwünschte Zusendung von Werbe-E-Mails wettbewerbswidrig, also gesetzeswidrig ist. Es gibt nur in ganz speziellen Fällen eine Ausnahme. Spammen geht also gar nicht. Wichtig ist daher, dass die gewählte E-Mail-Lösung ein sogenanntes Double-Opt-In vorsieht. Es genügt nicht, wenn ein Interessent seine E-Mail-Adresse angibt. Darüber hinaus ist es nötig, an diese E-Mail-Adresse eine Nachricht zu senden und um Bestätigung der Anmeldung zum Newsletter zu bitten, die üblicherweise durch Klick auf einen Link erteilt wird. So wird sichergestellt, dass der Inhaber des E-Mail-Accounts tatsächlich einen Newsletter bzw. Werbung erhalten möchte. Die meisten E-Mail-Anbieter tun dies – jedenfalls dann, wenn sie (auch) auf den europäischen Markt ausgerichtet sind. Bitte auf die entsprechende Einstellung achten und (natürlich) die Angelegenheit vor dem Ernstfall des Kundenkontakts testen.

Zwar haben zwei Gerichte vor nicht allzu langer Zeit „Knaller" gelandet und die Internetgemeinde dadurch aufgeschreckt, indem geurteilt wurde, dass bereits die erste E-Mail im Double-Opt-In-Verfahren unzulässiger Spam sei – dafür läge ja noch keine Einwilligung vor. Damit wäre jegliches

E-Mail-Marketing tot gewesen. Auch gab es eine Entscheidung, dass in der Opt-In-Mail enthaltene Werbung wettbewerbswidrig sei. Die Problematik ist jedoch vom Tisch – eventuelle Warnungen, die Sie hierüber lesen, sind nicht mehr aktuell. Also Double-Opt-In verwenden. Es bietet sich jedoch an, die Bestätigungsmail eher knapp und sachlich zu halten und auf Werbung zu verzichten.

Außerdem stellt sich das Thema des Datenschutzrechts. Mit der E-Mail-Adresse und gegebenenfalls dem Namen und anderen angeforderten Daten verfügen Sie über personenbezogene Daten, die dem Bundesdatenschutzgesetz unterliegen. Hier gilt zunächst einmal der Grundsatz der Datensparsamkeit: Bitte daher nur diejenigen Felder als Pflichtfelder kennzeichnen, deren Daten Sie für den von Ihnen vorgesehenen Zweck benötigen. Das ist ausschließlich die E-Mail-Adresse.

Außerdem müssen Sie Ihre Datenschutzerklärung anpassen. Hier bitte einen Absatz zum Newsletter aufnehmen und dabei – je nach Anbieter – die genaue Verwendung der Daten schildern. Es ist wichtig, dass der Nutzer vor der Zustimmung, von Ihnen Mails zu erhalten, klar weiß, wozu er zustimmen soll! Bitte daher größte Sorgfalt bei der Formulierung dieser Zwecke. In der Datenschutzerklärung sollte auch auf die Abmeldemöglichkeit – die im Footer der Mail üblicherweise vorgesehen ist – verwiesen werden und zusätzlich eine Abmeldemöglichkeit per Mail an den Seitenbetreiber eröffnet werden. Es ist zwar nicht damit zu rechnen, dass sich hierüber jemand abmeldet – zur Vollständigkeit hinsichtlich des Datenschutzes ist es jedoch zu empfehlen. Aus Datenschutzgründen sind europäische Anbieter günstiger als solche z.B. aus den USA.

Achtung: Werbe-E-Mails sind nicht nur solche mit konkreten Angeboten, sondern im Wesentlichen alles, was Sie per E-Mail versenden und was ein Bezug zu Ihrem Unternehmen und Ihrem Angebot hat. Werbe-E-Mails sind außerdem Geschäftsbriefe. Daher bitte die Vorgaben für Geschäftsbriefe einhalten, dies richtet sich besonders an GmbH-Geschäftsführer. Anforderungen an Geschäftsbriefe? Wer noch einmal nachlesen will, was genau verlangt wird, findet dies in § 35a GmbH-Gesetz.

Bitte in jeder E-Mail einen Abmeldungs- bzw. Unsubscribe-Link vorsehen. So können sich Leute, die keine E-Mails mehr erhalten wollen, unkompliziert aus der Liste austragen und ein Konflikt wird bereits im Ansatz vermieden. Auch diese Funktion wird von den großen E-Mail-Marketing-Anbietern standardmäßig vorgesehen.

Bitte auch bei sonstigen Marketingbemühungen hinsichtlich Ihrer Webseite an das Spamverbot denken. Auch wenn es verlockend und preiswert ist, E-Mails zu schreiben, bitte Vorsicht damit. Also nicht aus verschiedenen Impressumsseiten E-Mail-Adressen heraussuchen (oder noch schlimmer per Script heraussuchen lassen) und diese dann anschreiben. Dies sollte aber selbstverständlich sein. Sinnvoller ist es, langsam und kontinuierlich eine Liste an E-Mail-Lesern aufzubauen, die wirklich an Ihrem Angebot und weiteren Informationen interessiert sind.

Zentral für das E-Mail-Marketing sind auch die Landingpages. Hierbei handelt es sich um Internetseiten, auf denen der Nutzer lediglich seine E-Mail-Adresse eintragen kann, um den Newsletter zu abonnieren oder ein Freebie zu bekommen. Auf der

Landingpage wird er lediglich hierzu aufgefordert bzw. werden ihm die Vorteile erläutert. Social Media-Experten meinen, dass eine solche Seite umso erfolgreicher ist (hohe Conversionrates, also Anteil Zahl an Nutzern, die sich eintragen), je weniger Links auf der Seite sind und je weniger Möglichkeiten der Nutzer hat, auf dieser Seite etwas anderes zu tun bzw. sie zu verlassen. Er sollte idealerweise nur die Wahl haben, entweder die E-Mail-Adresse einzutragen oder die Seite wegzuklicken. Aus rechtlicher Sicht sind hier jedoch drei Ergänzungen zu machen: Bitte auch von jeder Landingpage aus einen Link zum Impressum und zur Datenschutzerklärung führen, und an den Cookie-Hinweis denken.

Zum Thema E-Mail-Marketing habe ich eine Audio-Serie im Rahmen meines Podcasts aufgenommen:

LEGAL STUFF 022: Mini-Serie zum E-Mail-Marketing

Marketing mit WhatsApp-Newsletter

Mit der immer weiteren Verbreitung von Messenger-Diensten wird auch die Kundenkommunikation über Mobile Marketing immer interessanter. Im Fokus steht hier insbesondere das Marketing über WhatsApp. Mittlerweile werden eine Vielzahl von WhatsApp-Newslettern angeboten. Dies ist auch naheliegend, da mittlerweile mehr als 30 Mio. Leute in Deutschland WhatsApp nutzen. Aber auch hier gilt: unerbeten gesandte Werbung ist wettbewerbswidrig und damit rechtswidrig. Auch hier muss ein (abgewandeltes) Verfahren des verifizierten Opt-In gewählt werden. Hierzu kann man beispielsweise dem Interessenten auf der Webseite die Nummer des WhatsApp-Newsletters mitteilen. Diese Nummer speichert der Nutzer in seinem Smartphone als neuen Kontakt und schickt diesem Kontakt eine Nachricht, beispielsweise lediglich das Wort „Start". Auf diese Weise wird auch bei einem WhatsApp-Newsletter sichergestellt, dass der Inhaber des Accounts tatsächlich den Newsletter beziehen will. Mit „Stopp" z.B. muss ein Nutzer sich abmelden können.

Nur am Rande sei erwähnt, dass in den derzeit von WhatsApp eingesetzten Nutzungsbedingungen eine kommerzielle Nutzung, insbesondere für Werbezwecke, verboten ist. Da jedoch derzeit noch die juristische Diskussion läuft, ob diese Regelungen in Deutschland uneingeschränkt Geltung haben und darüber hinaus WhatsApp überlegt, offiziell die Nutzung für Kundenkommunikation einzuräumen, sollte man sich davon nicht grundlegend abschrecken lassen (handelt aber auf eigenes Risiko!).

Bitte auf keinen Fall den Newsletter in Form eines sogenannten Gruppenchats versenden. Hierbei würden sämtlichen Nutzern die Telefonnummern, Benutzernamen und gegebenenfalls die Profilfotos der anderen Nutzer übermittelt. Dies ist nicht zulässig. Bitte bei dem Versand von Newslettern immer daran denken, dass der Verteiler für die Empfänger nicht sichtbar sein darf. Dies ist aus datenschutzrechtlichen Gründen geboten. Bei WhatsApp sollten daher sogenannte Broadcastlisten für den Versand gewählt werden. Denn da können die einzelnen Nutzer sich untereinander nicht sehen.

Zu Beweiszwecken sollte die Anmeldung des Nutzers gespeichert werden.

Auch bei WhatsApp muss ein Hinweis auf die Opt-Out- bzw. Widerspruchsmöglichkeit erfolgen. Hierbei reicht es, wenn ein Nutzer darüber informiert wird, dass er die Telefonnummer des Unternehmens aus seinen Kontakten löschen kann, um den Empfang weiterer Newsletter zu verhindern. Dies führt jedoch zu einem Problem: Dass die Nummer gelöscht wurde, bekommt das Unternehmen nicht unbedingt mit, was dazu führt, dass die Telefonnummer des Nutzers in der Broadcastliste verbleibt. Dies ist aber datenschutzrechtlich problematisch. Daher sollte idealerweise der Nutzer aufgefordert werden, den Widerspruch vor Löschung der Telefonnummer aus den Kontakten durch eine kurze Nachricht über WhatsApp an das Unternehmen zu übermitteln. Hier bietet es sich an, dies über den Versand des Wortes „Stopp" vom Nutzer an das Unternehmen zu regeln.

Wenn man daher einmal über das Thema „WhatsApp-Nutzungsbedingungen" hinwegsieht, ist der datenschutzgerechte und damit rechtmäßige Einsatz von WhatsApp zur Kundenkommunikation durchaus möglich. Spätestens seit WhatsApp zu Facebook gehört, stellt sich aber das bereits erörterte Datenschutzthema. Wie soll ich meine Nutzer umfassend über das informieren, was ich mit den Daten mache und was damit genau passiert, wenn ich es selbst nicht weiß? WhatsApp wollte Daten an Facebook weitergeben, was – neben harter Kritik – auch zu Abmahnungen führte. WhatsApp hat nun (Stand 11/2016) angekündigt, die Daten zunächst nicht weiterzugeben. Warten wir ab, wie sich dieses Problemfeld entwickelt.

Popup-Fenster

Popup Fenster sind Fenster, die sich von selbst öffnen, ohne dass der Webseiten-Nutzer konkret dieses Fenster angefordert oder auf etwas geklickt hätte. Wann das

Fenster sich zeigt, können Sie als Seitenbetreiber mit entsprechender Software einstellen, auch, welche Aktion ein solches Fenster auslöst. Die meisten dieser Fenster sind rechtlich eher unproblematisch. Ärger hat es jedoch einmal mit einem sogenannten Exit Intent Popup gegeben. Das ist ein Popup-Fenster, das sich zeigt, wenn der Nutzer die Webseite verlassen will, also den Mauscursor Richtung Wegklicken der Seite bewegt oder auf das Kreuz zum Schließen der Seite klickt. Damit wird der Nutzer, der die Webseite eigentlich verlassen wollte, noch einmal festgehalten, indem ihm das Popup-Fenster gezeigt wird. Oft sind darauf konkrete Angebote für den Nutzer.

Eine solche Popup-Konstruktion hatte der Anbieter einer Webseite in einem Fall, über den das Landgericht Düsseldorf zu entscheiden hatte, installiert (LG Düsseldorf, Urteil vom 26.3.03). Dieser

Webseite-Anbieter hat es allerdings hemmungslos übertrieben: Wollte man die fragliche Webseite verlassen, so öffnete sich nicht nur ein Popup-Fenster, sondern gleich 6-8 Stück – und wollte man diese schließen, wurden auch wieder neue Fenster aufgerufen. Der Nutzer konnte sich dessen lediglich erwehren, indem er den Browser schloss. Nun könnte man meinen, dass das Landgericht – das diese Praxis naheliegenderweise als wettbewerbswidrig verboten hat – sich hier mit seiner Argumentation auf die konkrete Übertreibung beschränkt hätte. Liest man jedoch das Urteil, so kann man hieraus entnehmen, dass solche Exit Intent Popups allgemein extrem kritisch gesehen werden, und die Spezialeffekte nur den Rang einer Verstärkung der Unzumutbarkeit haben: "Diese sittenwidrige Störung wird vorliegend dadurch verstärkt, dass beim Versuch, ein Pop-Up-Fenster zu schließen, in endloser Kette weitere Pop-Up-Fenster erscheinen".

Auch in § 13 des Telemediengesetzes wird es als unzulässig bezeichnet, den Nutzer am Verlassen der Seite bzw. des Dienstes zu hindern.

Ja, ich weiß, gerade diese Gestaltung des Popup wird in der Online-Marketing-Szene empfohlen. Denn es hat sich wohl gezeigt, dass so ein Exit Intent Popup eine höhere Conversion-Rate hat als andere Popup-Gestaltungen. Also: Wer sich trotz der rechtlich schwerwiegenden Bedenken dafür entscheidet, muss halt darauf spekulieren, dass kein "Kläger und kein Richter" seinen Fall aufgreifen.

Tracker und Analytics

Hier geht es um Software, die die Nutzung ihrer Webseite erfasst und das Verhalten der Besucher auf der Webseite analysiert.

Viele Webseitenbetreiber setzen Tracking-

Software ein. So können sie feststellen, wie viele Besucher sie hatten, welche Seiten besonders gut ankamen, über welche Landingpages sich besonders viele Nutzer für den Newsletter angemeldet haben, welches Design beim A/B-Test (Vergleich zweier Gestaltungen) am besten abgeschnitten hat... Kurz: professionelles Online-Marketing setzt geradezu voraus, das Verhalten der Nutzer zu kennen, um ihnen gute Angebote zu machen und das Unternehmen voranzubringen. Oft setzen Webseitenbetreiber hierzu Google Analytics oder Piwik ein. Es gibt aber eine Vielzahl von Anbietern, etwa eTracker, Optimizely oder SumoMe.

Tracker ermitteln Daten, das ist schließlich der Sinn der Sache. Und Daten unterliegen dem Datenschutz.

Was für den Webseitenbetreiber nützliche Informationen bringt und eine Optimierung der Webseite ermöglicht, stellt sich aus Sicht der Nutzer und deren Recht auf informationelle Selbstbestimmung als durchaus kritisch dar. Das Thema Account Analytics ist besonders unter datenschutzrechtlichen Gesichtspunkten spannend.

Sehr streng sind diese Regeln für personenbezogene Daten, also solche, die einen Menschen betreffen (Name, Adresse, IP-Adresse, Interessen, besuchte Internetseiten etc.). Wenn das Datenschutzgesetz (BDSG) die Verwendung dieser Daten nicht ausdrücklich erlaubt, brauchen Sie die Einwilligung des Betroffenen, um die Daten zu speichern und zu verwenden. Das ist auch der Grund für das Doppelte Opt-In bei der Newsletter-Anmeldung. Nur wenige Tracker nutzen personenbezogene Daten. Dies wäre auch datenschutzrechtlich nur mit Einwilligung möglich. Da diese praktisch kaum vor dem Seitenbesuch einzuholen ist, sollte man es vermeiden, die vollständige IP-Adresse zu erfassen. Dazu bieten mittlerweile (fast) alle Tracker die Möglichkeit, etwa Google Analytics (durch Nutzung von Anonymize_IP). Piwik erfasst die IP-Adresse bereits in gekürzter Form. Bei anderen Trackern bitte informieren, was erfasst wird und wie gegebenenfalls verhindert werden kann, die vollständige IP-Adresse zu ermitteln.

Geschützt sind neben personenbezogenen Daten aber auch pseudonymisierte Daten. Das sind solche, die zwar keinem konkreten Menschen (Name) zugeordnet werden können, aber z.B. Nutzerverhalten einer Kennung (z.B. NutzerID oder gekürzte IP-Adresse) zuordnet. Derartige pseudonyme Profile werden von den meisten Trackern erstellt, um einen Nutzer bei seinem Weg über die Webseite zu verfolgen (Wo kommt er her? Welche Seiten sieht er sich wie lange an? Von welcher Seite aus verlässt er

Ihre Internetpräsenz?).

Jetzt wird es etwas formal: Rechtliche Grundlage für diese Frage ist § 15 Telemediengesetz (TMG). Personenbezogene Nutzungsdaten dürfen nur erhoben und verwendet werden, wenn dies erforderlich ist, um die Inanspruchnahme von Telemedien zu ermöglichen oder abzurechnen. Üblicherweise dienen die Tracker aber dazu, das Nutzerverhalten zu studieren und die Conversion zu optimieren. So werden beispielsweise im Rahmen von AB-Tests zwei unterschiedliche Landingpages oder Seitendesigns verwendet um zu sehen, welche den Nutzern besser gefällt bzw. wie z.B. mehr Newslettereintragungen erreicht werden oder Produkte verkauft werden konnten. Dies darf daher nicht mittels personenbezogener Nutzerdaten erfolgen, also Merkmale zur Identifikation des Nutzers, Angaben über Beginn und Ende sowie Umfang der jeweiligen Nutzung und Angaben über die vom Nutzer in Anspruch genommenen Telemedien.

Aber dies ist im Normalfall auch nicht nötig, weder zu der Auswertung der Daten noch aus technischen Gründen. Hieraus ist lediglich zu schließen, dass ein Tracker bzw. Tracking-Software in keinem Fall personenbezogene Daten erheben darf, also nicht die vollständige IP-Adresse, und dass ich meine Nutzerdaten bzw. die Ergebnisse meines Trackings nicht mit vorhandenen Daten (etwa aus dem CRM) zusammenführen darf. Dies wird im Gesetz sogar ausdrücklich verboten; es gibt nur eine Ausnahme für Abrechnungszwecke. Kritisch wird diese Vorgabe dann, wenn Nutzer sich auf Ihrer Webseite einloggen können und gleichzeitig getrackt werden. Bitte daher unbedingt dafür sorgen, dass diese Daten getrennt bleiben.

Relevant für das „normale" Tracking im Rahmen der Optimierung der Webseite ist § 15 Abs. 3 TMG: „Der Diensteanbieter (der Webseitenbetreiber) darf für Zwecke der Werbung, der Marktforschung oder zur bedarfsgerechten Gestaltung der Telemedien Nutzungsprofile bei Verwendung von Pseudonymen erstellen, sofern der Nutzer dem nicht widerspricht. Der Diensteanbieter hat den Nutzer auf sein Widerspruchsrecht im Rahmen der Unterrichtung nach § 13 Abs. 1 hinzuweisen. Diese Nutzungsprofile dürfen nicht mit Daten über den Träger des Pseudonyms zusammengeführt werden." Dies bedeutet praktisch zweierlei: Findet ein Tracker auf Ihrer Webseite Verwendung, so muss der Nutzer hierüber informiert werden. Der Datenschutzerklärung ist also ein entsprechender Absatz hinzuzufügen.

In der Datenschutzerklärung muss ausführlich darüber informiert werden, welche Daten erhoben werden und was hiermit geschieht. Bitte daher, wenn sie derartige Zwecke verwenden, unbedingt die Datenschutzerklärung ergänzen:

- Google Analytics: Bei der Nutzung von Google Analytics müssen Sie zunächst einmal in der Datenschutzerklärung darauf hinweisen, dass es verwendet wird. Außerdem ist es zu beschreiben und dem Nutzer die Möglichkeit zu geben, der Erfassung entweder per Klick auf einen Link oder durch ein Opt-Out-Cookie zu widersprechen. Google hat bis vor einiger Zeit eine Musterformulierung für diese Datenschutz-Erklärungs-Komponente angeboten (tut dies aber nun offiziell nicht mehr). Dennoch findet der Text weiterhin Verwendung und ist meiner Kenntnis nach bisher auch gerichtlich noch nicht beanstandet worden. Da hier jedoch der Teil mit den Opt-Out-Lösungen fehlt, muss dieser ergänzt werden. Auch hier will ich Ihnen eine Formulierungshilfe geben, sie ist im Musterpaket enthalten. In letzter Zeit hat sich eine neue Abmahnidee durchgesetzt, die auch auf gerichtlicher Seite Anklang gefunden hat: Es kann abgemahnt werden, wenn ein Webseitenbetreiber Google Analytics verwendet, aber in der Datenschutzerklärung hierauf nicht oder nicht korrekt hinweist (z.B. LG Hamburg, Beschlüsse vom 10.3.2016 und 9.8.2016). Für die nicht so technisch Versierten unter Ihnen: Es ist kein großes Problem herauszufinden, ob Google Analytics verwendet wird. Man sieht es zwar der im Browser angezeigten Internetseite nicht an – dem Seitenquelltext dafür jedoch umso leichter. Jeder Browser bietet die Möglichkeit, sich den Seitenquelltext anzeigen zu lassen. Dort ist die verdächtige Einbindung von Google Analytics (ga.js) klar erkennbar und schnell zu dokumentieren. Es gibt auch verschiedene Browser-Add-Ons/Plugins, die Tracker anzeigen.

Bei Google Analytics gilt eine weitere Besonderheit: Was ein Auftragsdaten-verarbeitungsvertrag ist, wissen Sie nun. Neben Ihrem IT-Dienstleister sollten Sie einen solchen auch mit Google schließen, da Google Analytics Daten von Ihnen bekommt. Der Auftragsdatenverarbeitungs-vertrag ermöglicht es, dass Google im Sinne des Datenschutzrechtes nicht als anderer angesehen wird. Eine spannende Vorstellung: Google ist ein Teil von Ihnen ... Auch hier hat sich aufgrund der Häufigkeit des

Problems bereits eine praktikable Lösung herausgebildet: Google hält einen entsprechenden Auftragsdatenverar-beitungsvertrag, den man nur noch unterschreiben und zurückschicken muss, bereit.
Wichtig bei Google Analytics ist noch, die erhobenen IP-Adressen zu anonymisieren. Wie dies technisch geht, erläutert die Google-Hilfe. Dass man dies getan hat, sollte man auch in der Datenschutzerklärung ausführen. Auf diese Weise werden die letzten Ziffern der IP-Adressen gelöscht und damit der Zugriff des Nutzers anonymisiert.
Ich empfehle, diese Möglichkeiten der rechtlichen Absicherung zu nutzen.

- Piwik: Piwik ist ein Webanalyseprogramm, das kostenlos erhältlich ist und als Open-

Source-Projekt ehrenamtlich gepflegt wird. Bei Piwik entfällt der Aufwand, die IP-Adressen-Anonymisierung händisch einzurichten. Daher galt Piwik lange Zeit als das datenschutzfreundliche Webanalysetool. Mittlerweile kann jedoch auch Google Analytics datenschutzkonform eingesetzt werden. Auch für Piwik muss ein entsprechender Textbaustein in die Datenschutzerklärung aufgenommen werden. Auch dieser ist in der Mustersammlung zu diesem Buch enthalten. Mittlerweile gibt es Piwik nicht nur als Lösung, die auf dem eigenen Server betrieben wird (und daher, weil Sie alle Daten behalten, keinen Auftragsdatenverarbeitungsvertrag erfordert), sondern auch als Cloud-Lösung mit denselben "Themen" wie Google Analytics.

Mit einer Ergänzung der Datenschutzerklärung ist es jedoch, wie für die beiden Beispiele gerade angesprochen, nicht getan. Der Nutzer muss die Möglichkeit bekommen, der Erfassung zu widersprechen. Die meisten Tracking-Systeme bieten eine solche Opt-Out-Möglichkeit an. Diese muss entsprechend dem Nutzer in der Datenschutzerklärung vorgeschlagen werden. Oft gibt es die Möglichkeit, ein Opt-Out-Cookie zu setzen oder einen Opt-Out-Link zu klicken. Hier bitte beides anbieten.

Ob ein solcher Tracker Verwendung findet, ist für einen technisch auch nur gering interessierten Nutzer ohne große Probleme herauszufinden: Er kann beispielsweise ein Browser Plugin wie Ghostery verwenden oder er schaut auf den Seitenquellcode und sucht hier einschlägige Zeilen.

Achtung, Abmahnung!

Gerichtlich ist mittlerweile anerkannt, dass es einen Grund zur Abmahnung darstellt, wenn der Webseitenbetreiber einen Tracker verwendet – dies aber nicht in der Datenschutzerklärung angibt und keine Opt-Out-Möglichkeit eröffnet. Zuletzt hat dies einen Piwik-Nutzer getroffen: Das Landgericht Frankfurt (Urteil vom 18.02.2014, Az.: 3-10 O 86/12) hat im Falle von Piwik festgestellt, dass eine Abmahnung berechtigt ist, wenn der Seitenbetreiber Piwik verwendet ohne hinreichend in der Datenschutzerklärung darauf hinzuweisen und über das Widerspruchsrecht zu belehren.

Zu beachten ist außerdem ein zweites Thema: Wer die Tracking-Daten nicht auf dem eigenen Server verwaltet (wie es beispielsweise mit selbstgehostetem Piwik der Fall ist), hat rechtlich das Thema, dass er Daten an einen Dritten, nämlich den Tracking-Anbieter, weitergibt.

Datenschutzrechtlich benötige man jedoch für jede Weitergabe von personenbezogenen Daten eine Rechtfertigung, die im gegebenen Kontext schwierig wird. Es gibt jedoch einen absolut legalen Trick: Den Abschluss eines ADV oder Auftragsdatenverarbeitungsvertrages. Mit diesem Wortungetüm ist Folgendes gemeint: Man schließt mit dem Tracking-Anbieter einen Vertrag, der diesen verpflichtet, die Datenschutzvorgaben einzuhalten und die Daten nur zu Zwecken des Auftraggebers (also jedes Webseitenbetreibers) zu nutzen und dort nach Weisung zu handeln. Auf diese Weise wird der Diensteanbieter – datenschutzrechtlich gesehen – zu einem Teil des Auftraggebers, sodass keine Weitergabe an einen Dritten vorliegt. Beispielsweise bietet Google Analytics einen solchen ADV-Vertrag an. Auch wenn es eine merkwürdige Vorstellung ist, Google als Teil Ihres Unternehmens zu betrachten, ist dies das Grundkonzept. Auch E-Tracker bietet einen solchen Auftragsdatenverarbeitungsvertrag an. Bitte unbedingt diese Verträge ausdrucken, unterzeichnen und beim Anbieter einsenden – aus rechtlichen Gründen muss dieser Vertrag schriftlich abgeschlossen werden.

Ein weiteres Thema liegt in der Kürzung der IP-Adresse. Aus datenschutzrechtlichen Gründen sollten nie vollständige IP-Adressen erfasst werden. Diese Option ist bei sämtlichen Tracking-System mittlerweile einstellbar, so beispielsweise bei Piwik (hier ist dies grundsätzlich so), aber auch mit dem entsprechenden Zusatz bei Google Analytics. Auch der E-Tracker bietet unter den Einstellungen „Datenschutzoptionen" an, mit denen Datenschutzkonformität hergestellt werden kann – und auch muss.

Was ist also zu tun? Wenn Sie Tracking-Software verwenden, sei es für Ihre Web-

Präsenz insgesamt oder auch für einzelne Landingpages, bitte unbedingt:

- In den entsprechenden Datenschutzerklärungen hierüber informieren. Dabei ebenfalls über die Opt-Out-Möglichkeiten informieren und solche vorsehen.
- IP-Adressen anonymisieren (kürzen)
- Wenn Daten an Dritte gehen, einen Auftragsdatenverarbeitungsvertrag schließen

Dies ist zwar etwas Arbeit, da für jeden entsprechenden Tracker die Informationen recherchiert werden müssen und die Opt-Out-Möglichkeiten eingerichtet und verlinkt werden müssen.

Jedoch sollte eine abmahnsichere Webseite das wert sein – ganz zu schweigen davon, dass die Nutzer ein Recht darauf haben, über die Verwendung ihrer Daten zu entscheiden.

LEGAL STUFF 007: Tracker & Co: Achtung, du wirst verfolgt!

Social Media, Facebook-Plugins & Co.

Was passiert eigentlich mit den Urheber- und Nutzungsrechten an meinem Text, wenn ich meine Webseitentexte (oder Teile davon) auf Social Media-Plattformen (z.B. Facebook) poste? Wir sagten ja, dass der Urheber entscheidet, was damit passiert – Facebook verwendet ja dann den Text. Ja, das stimmt, Facebook darf dies, aber: In den umfangreichen AGB der Plattform (genau: das „Kleingedruckte", das niemand liest) sind hierfür Regelungen enthalten. Wer etwas postet, überträgt damit die Nutzungsrechte an Facebook! Keine Sorge:

Es handelt sich nicht um die ausschließlichen Nutzungsrechte, man darf also (gnädigerweise) den eigenen Text auch danach weiterverwenden – jedoch darf Facebook dies auch. Dies ist so lange unkritisch, wie man eigene Texte postet und im Normalfall – da man sie ja selbst eingestellt hat – auch mit der Verwendung auf und durch Facebook einverstanden ist. Spannend wird die Angelegenheit, wenn es sich um fremde Texte handelt, hier sollte man stets sicherstellen, dass die Verwendung auch in Social Media von den Nutzungsbedingungen bzw. Nutzungsrechtsvereinbarungen mit dem Urheber gedeckt ist. Bei Fotos ist dieses Thema bereits sehr aktuell geworden. Und das Urheberrecht? Dem kann noch nicht einmal Facebook etwas anhaben, es verbleibt unverändert beim Urheber.

Social Media spielt im Zusammenhang mit Webseiten in einem anderen Bereich sogar noch eine wichtigere Rolle: bei der Verwendung von Facebook-Plugins bzw. Plugins anderer sozialer Netzwerke, die ermöglichen, die Webseitenhalte direkt auf die Plattform zu übertragen bzw. sich auf der Plattform hierzu zu äußern, beispielsweise mittels eines Like-Buttons Zustimmung zu äußern. Verwendet ein Unternehmen Facebook oder Twitter, ebenso andere Social Media-Plattformen, so bietet es sich an, dies auf der eigenen Homepage kundzutun und die Homepage mit diesen Profilen zu verknüpfen. Dies wirft insbesondere datenschutzrechtliche Fragestellungen auf.

Hinweisen möchte ich zunächst auf die Frage, ob diese Plugins überhaupt zulässig sind, bzw. ein Urteil, das hier enge Grenzen aufzeigt. Das Landgericht Düsseldorf hat entschieden, dass das Page-Plugin von Facebook nicht einfach so verwendet werden darf, weil dies gegen datenschutzrechtliche Normen verstößt (Urteil vom 9.3.2016). Dem Rechtsstreit lag eine wettbewerbsrechtliche Abmahnung zu Grunde. Das bedeutet, dass ein Konkurrent unter Hinweis auf das UWG und die mit Datenschutzverstößen verbundenen Wettbewerbsvorteile eine Abmahnung und sodann Klage angestrengt hat. Sie sind sich nicht ganz sicher, worum es bei den Begriffen „Abmahnung" und „Unterlassungsklage" geht? Dann schauen Sie in das Kapitel "Außergerichtliches und Prozessuales". Das beklagte Unternehmen hatte zwar während des Prozesses auf die Zwei-Klicklösung umgestellt – aber zu spät. Das Gericht musste nur über den Zustand vor der Umstellung bzw. bei Klageerhebung entscheiden, und da war das „pure" Page-Plugin im Einsatz. Eine Zwei-Klick-Lösung gibt die "Datenverbindung" zu Facebook erst frei, wenn der Nutzer – nach Information – erneut auf das Element klickt. Das Gericht hat sich (rechtmäßiger- und klugerweise) auch auf die Entscheidung über diese Konstellation beschränkt. Die Zwei-Klick Lösung ist daher nicht Gegenstand der Entscheidung. Sie ist allerdings aus datenschutzrechtlichen Gründen nicht hundertprozentig sauber: zwar ist sie ein ganz großer Schritt voran, das Datenschutzrecht verlangt allerdings für die Weitergabe personenbezogener Daten eine informierte Einwilligung. Informiert setzt voraus, dass der Nutzer erfährt, welche Daten an wen gehen. Leider weiß dies nur Facebook selbst – so das man in der Datenschutzerklärung, die man bei der Zwei-Klick-Lösung anpassen muss, auch nicht entsprechend informieren kann, sondern hier eher allgemein bleiben muss. Ein Restrisiko bleibt somit auch beim Einsatz dieser Lösung.

Noch besser ist es daher – wenn man nicht auf Social Media Plugins verzichten will – die Ein-Klick-Lösung zu wählen. Diese

Lösung – Shariff – wird von c't angeboten. Vorschläge für Ergänzungen Ihrer Datenschutzerklärungen in diesen beiden Fällen sind im Musterpaket enthalten.

Und „hält" das jetzt so vor Gericht? Und was ist mit dem Like-Button? Das steht noch nicht fest. Ebenso wenig wie über die Zwei-Klick-Lösung hat das Gericht über den Like-Button entschieden. Letztlich ist jedoch aufgrund der Begründung klar, dass für diesen im Wesentlichen dasselbe gilt: Er darf aus Datenschutzgründen nicht verwendet werden.

LEGAL STUFF 018: Einbindung von Facebook-Plugins und YouTube-Videos

Und sonst noch so...

Natürlich gibt es eine Vielzahl weiterer rechtlicher Themen, mit denen man als Webseitenbetreiber konfrontiert werden kann. Im Folgenden habe ich eine kleine Auswahl an Fragestellungen, die mir in letzter Zeit begegnet sind, zusammengestellt.

Zeitungsartikel

Sie haben es geschafft – eine Zeitung oder Zeitschrift berichtet über Ihr Unternehmen. Das ist prima und ist ein gutes Werbeargument. Aber: Zeitungsartikel stehen wie alle individuellen Texte unter urheberrechtlichem Schutz. Will ich diese (außerhalb des rein privaten Bereichs) nutzen, benötige ich die Einwilligung. Es ist zwar gemäß § 49 Abs. 2 UrhG so, dass „vermischte Nachrichten tatsächlichen Inhalts und Tagesneuigkeiten, die durch Presse oder Funk veröffentlicht worden sind", nicht urheberrechtlich geschützt sind. Ein längerer, formulierter Zeitungsartikel ist dies jedoch sehr wohl. Retten könnte man sich nur mit der Zitierfreiheit (§ 50 UrhG). Aber meistens wird der Artikel ja nicht in einen eigenen Beitrag eingebunden und dort zitiert, sodass sich das Geschriebene darauf bezieht – meistens wird der Artikel ja stolz in einer Rubrik „Presseberichte" oder Ähnliches kommentarlos veröffentlicht. Hiervon rate ich aus rechtlichen Gründen ab.

Zulässig sind dagegen Verweise auf Zeitungsartikel im Wege der Verlinkung. Auch hierzu gibt es eine Entscheidung des EuGH, der auch hier klargestellt hat, dass ein Link keine „Wiedergabe" im urheberrechtlichen Sinn ist, die eine Einwilligung voraussetzt. Hier gilt ebenfalls: Zulässig ist die Verlinkung urheberrechtlich nur, wenn hierdurch kein neues Publikum erschlossen wird – man darf also Inhalt z.B. aus geschützten Bereichen nicht dem allgemeinen Internet zugänglich machen. Daher lieber kurz über die Presseerwähnung berichten und einen Link darauf setzen: Die meisten Artikel sind im Internet verfügbar. Ansonsten einfach kurz bei der Redaktion anfragen und die „Hall of Fame" genehmigen lassen.

Wenn ich beispielsweise aus „Spiegel Online" einen Artikel zitieren will, darf ich lediglich ein Kurzzitat verwenden. Wie oft im Urheberrecht geht es hier um den Einzelfall. Sagen kann man jedoch, dass einzelne Sätze durchaus als Zitate durchgehen. Aber bitte – wie gesagt – nicht den ganzen Artikel im Wortlaut abbilden. Wie auch sonst gilt: Wer schreibt, der bleibt. Also die

Zustimmung der Redaktion zumindest kurz per E-Mail bestätigen lassen.

Und auch beim Verlinken auf Artikel gilt: Linkhaftung beachten! Hier gelten dieselben Regeln wie auch sonst im Internet (siehe Kapitel "Haftung für Links").

Anfahrtskizze

Auch wenn sie unscheinbar aussehen und man schließlich an der Lage von Straßen und Orten als Ersteller einer Karte nicht viel ändern kann: Zeichnungen, Pläne, Karten, Skizzen unterliegen dem Urheberrecht (§ 2 Abs. 1 Nr. 7 UrhG)! Und wenn Sie einen Stadtplanausschnitt oder eine Anfahrtskizze in Ihre Webseite einbinden, für die Sie nicht die entsprechende Lizenz bzw. Nutzungsrechte haben, ist das eine Urheberrechtsverletzung. Und die kann abgemahnt werden. Und wird dies auch sehr oft. Das Thema ist meiner Erfahrung nach einer der „beliebtesten" Fallstricke für Webseitenbetreiber.

Es soll sogar Leute geben, die Kartenausschnitte erstellen und dann darauf warten, dass diese ein gutgläubiger Webseitenbetreiber mit der Bildersuche findet und auf seiner Webseite einbaut. Und dann folgt prompt die Abmahnung. Besser: Entweder Google-Maps-Karten nach der entsprechenden Anleitung korrekt einbinden, dies ist kostenfrei möglich. Oder Sie verwenden die ebenfalls kostenfrei zugänglichen Karten der Open Street Map. Hierbei handelt es sich um ein Freiwilligenprojekt, das aber mittlerweile so weit ausgebaut ist, dass es sich mit kommerziellen Karten durchaus messen kann. Auch hier bitte auf die vorgeschriebenen Urheberkennzeichnungen und Vermerke achten.

LEGAL STUFF 014: Achtung Anfahrtskizze auf der Website!

Erwischt: Catch All

Bei fast jedem Hosting-Anbieter gibt es die Möglichkeit, eine Catch-All-Funktion hinsichtlich der gewählten Domain einzurichten. Das bedeutet, dass jede beliebige Subdomain, die Nutzer eingeben, auf die Seite weitergeleitet wird, die Sie angegeben haben, als Sie die Catch-All-Funktion eingerichtet haben. Die Nutzer bekommen also nicht die Rückmeldung, dass diese Subdomain, die sie gerade eingegeben haben, nicht existiert – sondern sie landen kommentarlos auf der "Auffang-Seite". Meistens wird dies die Homepage sein.

Catch-All bitte nicht nutzen! Es ist mittlerweile gerichtlich entschieden, dass diese Funktion gegen Marken- und Persönlichkeitsrechte verstößt. Sie fragen sich jetzt vielleicht, warum? Die Antwort ist nicht so offensichtlich, wird aber von den Gerichten so gesehen: Es ist möglich, als Subdomain eine rechtlich geschützte Bezeichnung, also eine Marke oder auch einen Namen zu verwenden. Das hat nun zur Folge, dass man mit einer URL, die den Namen oder die Marke enthält, auf Ihr Angebot verwiesen wird. Hierin sehen Gerichte eine Marken- bzw. Namensrechtsverletzung. Auch wenn das sehr um die Ecke gedacht ist: Mit dieser Entscheidung wird man leben müssen. Anlass war übrigens, dass jemand sich von einer Erotikseite mit Catch-All-Funktion gestört fühlte. So landete man, wenn man seinen Namen als Subdomain eingab, eben auf besagtem Erotikportal, was der Nutzer nicht hinnehmen wollte. Gab man also www.klaeger.erotikportal.de ein, landete man auf erotikportal.de. Es nützte dem Portalbetreiber nichts, sich darauf zu berufen, dass er den Namen des Klägers überhaupt nicht verwendete, sondern dass die Catch-All-Funktion unterschiedslos alles erfasste und auf die Homepage verwies. Sei das also, wie es sei: Bitte auf keinen Fall diese Funktion aktivieren.

Es gibt jedoch eine andere Form von Catch-All, nämlich eine solche bei Emails. Hier ermöglicht das Aktivieren dieser Funktion hinsichtlich einer E-Mail-Adresse, dass alle E-Mails, die an Adressen gesandt werden, die unter dieser Domain nicht existieren, auf die Catch-All-Adresse umgeleitet werden. Also wenn der Betreiber der Domain testdomain.de nun diese Funktion einrichtet und als Catch-All-Postfach info@testdomain.de einrichtet, dann landen dort auch E-Mails beispielsweise an fritz@testdomain.de, auch wenn dieses Postfach überhaupt nicht angelegt ist. Hier ist gerichtlich noch nicht geklärt, ob dies in Ordnung ist. Meiner Einschätzung nach ist diese Catch-All-Funktion unproblematisch, da der Betreiber weder die Namen verwendet, noch irgendetwas als Reaktion auf den Zugang der E-Mail ersichtlich ist. Hier sehe ich eine deutliche Parallele zum Unternehmensbriefkasten, in den ja auch von der Post alles eingeworfen wird, was an die Unternehmensadresse geschickt wird – unabhängig davon, ob der Träger des Namens, der zusätzlich zum Unternehmensnamen angegeben ist, dort tätig ist oder nicht. Ich hatte aber tatsächlich einen Fall beim Landgericht Tübingen, in dem sich jemand gegen die

Verwendung einer solchen Catch-All-Funktion durch meinen Mandanten wandte. Der Richter teilte meine Ansicht. Um die Angelegenheit zu beenden, haben wir einen für alle Seiten gesichtswahrenden Vergleich geschlossen. Aus diesem Grund gibt es nun aber immer noch kein Urteil zum Thema. Gemeinerweise behauptet ein sehr bekannter juristischer Kommentar, dass E-Mail-Catch-Alls verboten seien, und verweist zur Begründung (ausschließlich) auf das Subdomain-Urteil. Wieder mal ein Fall von "Juristen haben keine Ahnung vom Internet" – aber Kompliment an den Tübinger Richter, der sich das genau hat erklären lassen, und sich nicht verwirren ließ. Denn natürlich verwies mein Gegner auf diese Kommentarstelle…

Außergerichtliches und Prozessuales

Was hat es nun mit dieser Abmahnung auf sich, die ständig durchs Internet „geistert", als Damoklesschwert über der Internetseite schwebt und auch in diesem Buch an vielen Stellen erwähnt wurde? Eine Abmahnung ist – man mag es bei der Aufregung im Internet kaum glauben – eine grundsätzlich vom Gesetz her positiv gedachte Maßnahme. Die Idee dahinter ist, dass derjenige, dessen Rechtsposition verletzt wurde, dem Täter die Möglichkeit gibt, die Angelegenheit außergerichtlich zu bereinigen und damit ein kostenintensives Gerichtsverfahren quasi zu sparen. Praktisch stellt sich die Angelegenheit aber oft viel schwieriger und eher in der Grauzone dar. Und wie in verschiedenen anderen Grauzonen auch kann die Sache schnell schmerzhaft werden. Das Thema Abmahnung hat so viele Facetten, dass ich hierzu ein E-Book zu Abmahnungen geschrieben habe, in dem "Abmahnopfer" einen umfassenden Überblick finden und sich informieren können, was genau zu beachten ist, welche Reaktionsmöglichkeiten sie haben und was nach einer Unterlassungserklärung oder nachteiligen Gerichtsentscheidung zu veranlassen ist, um hohe Strafen zu vermeiden.

LEGAL STUFF 004: Abmahnung im Briefkasten

Was ist eine Abmahnung nun genau? Mit einer Abmahnung weist derjenige, der sich in seinem Recht verletzt fühlt, den Täter zunächst einmal auf diesen Umstand hin, indem er das aus seiner Sicht bestehende

Problem benennt und mitteilt, was aus seiner Sicht passiert ist und worin er die Rechtsverletzung sieht. Beispielsweise kann also – so etwa im praktisch häufigsten Fall der Abmahnung wegen Tauschbörsennutzung – das Musikunternehmen den Nutzer darauf hinweisen, dass dieser in der Zeit von 10.30 Uhr bis 11.07 Uhr am 23.11.2016 angeblich den Kinofilm „Fifty Shades of Grey" über BitTorrent heruntergeladen haben soll. BitTorrent ist hier besonders kritisch, einmal, weil es durchaus stark überwacht ist, andererseits aber auch, weil es technisch so ist, dass bei einem Download immer auch zeitgleich ein Upload der bereits heruntergeladenen Dateiteile erfolgt und so die zentrale Struktur aufrechterhalten wird. Rechtlich ist dies allerdings sehr ärgerlich, da für den einfachen Download Beschränkungen gelten, welche die Abmahnung und die Kostenfolge betreffen, was beim Upload –

immerhin wird hiermit das Werk angeboten – nicht gegeben ist. Damit sind natürlich solche Tauschbörsen für die Musikindustrie sehr viel interessanter als die reinen „Download-Börsen". Sonstige Abmahnungen funktionieren nach genau demselben Muster. Ob es um eine wettbewerbswidrige Handlung geht, die unzulässige Verwendung eines Bildes oder Videos oder ob jemand Ihren Text geklaut hat, jedes Mal wird zunächst der Sachverhalt geschildert, die behauptete Rechtsverletzung dargelegt. Darauf folgt die Aufforderung, das beanstandete Verhalten ab sofort zu unterlassen. Dies ist nun oft im Internet leichter gesagt als getan, da sich beispielsweise die Inhalte, die Anlass zur Kritik gaben, noch im Google-Cache, auf anderen Internetseiten oder im Archiv auf der Internetseite finden. Unterlassen ist hier jedoch umfassend gemeint. So reicht es nicht, die Seite mit dem beanstandeten Inhalt nicht mehr von der Webseite aus zu verlinken. Beanstandet wird, wenn sie – sei es auch durch eine äußerst komplizierte URL – im Internet auffindbar ist. Auch Metatags mit dem kritischen Begriff oder Ähnliches würden gegen eine Unterlassungsforderung verstoßen. Gleiches gilt, wenn der kritische Text bzw. Begriff im Seitenquellcode auftaucht – auch wenn er auf der Internetseite, die beim Nutzer im Browser angezeigt wird, nicht zu sehen ist! Hier wird also durchaus ein äußerst formales Verständnis an den Tag gelegt, was praktisch schwer bis nicht umsetzbar ist und in der Folge oft zu erheblichen Problemen führt. Ich komme darauf zurück.

Bei der Darstellung ist nur entscheidend, dass der Empfänger erkennen kann, worum es sich überhaupt handelt und er verstehen kann, welcher Umstand zum Ärger auf der anderen Seite geführt hat. Die Anforderungen sind hier nicht allzu hoch.

Auch bei der Beschreibung des Rechtsverstoßes ist nicht erforderlich, dass der Abmahner die richtigen Paragraphen erwischt. Jedoch müssen bei einer urheberrechtlichen Abmahnung vier in § 97 Abs. 2 UrhG aufgelistete Punkte stimmen, sonst ist sie unwirksam:

„Die Abmahnung hat in klarer und verständlicher Weise

1. Name oder Firma des Verletzten anzugeben, wenn der Verletzte nicht selbst, sondern ein Vertreter abmahnt,
2. die Rechtsverletzung genau zu bezeichnen,
3. geltend gemachte Zahlungsansprüche als Schadensersatz- und Aufwendungsersatzansprüche aufzuschlüsseln und
4. wenn darin eine Aufforderung zur Abgabe einer

Unterlassungsverpflichtung enthalten ist, anzugeben, inwieweit die vorgeschlagene Unterlassungsverpflichtung über die abgemahnte Rechtsverletzung hinausgeht."

Neben den Komponenten Sachverhalt, Rechtsverstoß, Unterlassungsaufforderung besteht die Abmahnung außerdem aus der Komponente der strafbewehrten Unterlassungserklärung. Dies hat folgenden Hintergrund: Nach Gesetz und Rechtsprechung genügt es nicht, wenn der ertappte Sünder die beanstandeten Texte, Bilder oder Videos von seiner Internetseite entfernt bzw. sich – sogar schriftlich – verpflichtet, in Zukunft Derartiges nicht mehr zu tun. Die gesetzlichen Regelungen sind hier streng. Die Gerichte glauben dem Erwischten erst dann, dass er in Zukunft die Aktion nicht wiederholen wird, wenn er sich für den Fall, dass er es doch tut, zu einer erheblichen Vertragsstrafe verpflichtet. Diese wäre im Falle des Falles an den Abmahner zu zahlen. Für die konkrete „Tat“, die Gegenstand der Abmahnung war, zahlt man dagegen noch keine Vertragsstrafe.

Außerdem drücken die Abmahnanwälte dem Abgemahnten auch noch die Kosten für die Abmahnung auf. Was zunächst wie eine Strafe klingt und praktisch auch so wirkt, hat juristisch den Hintergrund darin, dass der Abmahnanwalt – so versteht es das Gesetz – im Interesse des Abgemahnten tätig war und dieser ihn deshalb bezahlen muss. Das klingt zunächst unlogisch bis abseitig, hat aber seinen Hintergrund in der oben bereits beschriebenen Struktur der Abmahnung: Da sie zumindest die Chance bietet, das noch teurere gerichtliche Verfahren zu vermeiden, hat – so meint jedenfalls das Gesetz – der Abgemahnte hieran durchaus ein Interesse. Anders gesagt: Er hat den

Fehler gemacht und hat daher ein Interesse daran, dass ihn nur das kleinere Übel trifft, nämlich die Abmahnung.

Wie soll man nun mit einer solchen Abmahnung umgehen? Dies hängt zum großen Teil davon ab, ob sie berechtigt ist, also der beanstandete Fehler tatsächlich unterlaufen ist. Dies ist wie immer nicht nur eine Frage des tatsächlichen Fehlverhaltens, sondern natürlich auch immer eine solche des Nachweises. Letzteres ist im Internet allerdings in ganz erheblichem Umfang möglich. Sogar das Löschen der beanstandeten Seiten hilft hier wenig: Ist erst einmal eine Abmahnung ausgesprochen, hat der Abmahnanwalt unter Garantie einen Screenshot der Seite gemacht und für den Fall der Fälle „warm und trocken" weggelegt. Aber selbst wenn nicht, ist zumindest für eine kurze Zeitspanne das frühere Aussehen der Webseite im Google-Cache abrufbar.

Aber es geht noch weiter: Ein gemeinnütziges Projekt in den USA, Internet Archive, betreibt das Projekt Wayback Machine. Die Freiwilligen haben sich zum Ziel gesetzt, das gesamte Wissen des Internets abzuspeichern und hierbei auch frühere Stände von Webseiten zu archivieren. Dies führt dazu, dass auch Jahre alte Versionen einer Webseite zur Verfügung stehen können. Allerdings archiviert die Wayback Machine nicht gezielt jede Seite, z.B. je Monat, sondern zufällig dann, wenn die Robots dort „vorbeikommen". Dies ist alle paar Monate bis zu einmal im Jahr der Fall, führt aber dazu, dass der Inhalt der Seite zu einem bestimmten vergangenen Zeitpunkt auf unabsehbare Zeit gespeichert und über die Wayback Machine öffentlich zugänglich ist. Oft wird jedoch nur die Startseite erwischt. Sie finden das Archiv unter http://archive.org/web/.

Wie alles im Leben und im Recht hat die gute Dokumentationsmöglichkeit im Internet zwei Seiten: Ist einem etwas danebengegangen, so ist dies extrem ärgerlich. Will man selbst Rechte verteidigen und z.B. den Diebstahl von Content oder andere Rechtsverstöße dokumentieren und verfolgen, so sind diese Möglichkeiten Gold wert.

Besonders „schlimm" ist die Angelegenheit deshalb, weil ein böswilliger Abmahner auch erheblich in der Vergangenheit liegende Umstände – sogar dann, wenn die Webseite schon lange geändert wurde – zum Gegenstand von Abmahnungen machen kann. Was auch hier wieder unfair klingt, passt in die rechtliche Logik: Schließlich reicht das reine Ändern der Webseite nicht, um den Unterlassungsanspruch zu erfüllen. Daher bitte daran denken: Wenn Sie einen rechtlich relevanten Fehler auf Ihrer Webseite entdeckt und geändert haben, bitte unbedingt den Google-Cache löschen. Auch dann, wenn (noch) keine Abmahnung im Briefkasten gelandet ist. Apropos Abmahnung im Briefkasten: Immer wieder kommt es vor, dass Webseitenbetreiber Abmahnungen per E-Mail erhalten. Dies sind meiner Erfahrung nach Fakes. Zwar gilt für eine Abmahnung kein gesetzliches Formerfordernis, sie muss also nicht schriftlich sein, um wirksam zu sein. Jedoch sprechen Anwaltskanzleien diese immer schriftlich aus, schon allein aus Dokumentationsgründen. Oft sind diese Fake-Abmahnungs-E-Mails auch noch mit verschiedenen anderen netten Überraschungen versehen, also Links auf Schadsoftware oder Anhänge, in denen das angebliche Abmahnschreiben sein soll, die stattdessen mit unerfreulicher Software gefüllt sind. Dies hat mit einer richtigen Abmahnung nichts zu tun, sondern die

Internetkriminellen nutzen die Sorge der Webseiten-Inhaber vor Abmahnungen, um diese dazu zu bewegen, den schädlichen Link zu klicken bzw. den Trojaneranhang zu öffnen. Wenn Sie daher eine Abmahnung per E-Mail erhalten, bitte nicht aus Sorge den Verstand abschalten, sondern die E-Mail umgehend löschen. Es gilt also dasselbe wie für jede andere merkwürdige E-Mail.

Mit der Wayback Machine muss man dagegen leben. Es ist nicht möglich, hier Einfluss zu nehmen und den Stand der eigenen Webseite, den dieses Archivprojekt zufällig erwischt hat, zu löschen. Da dieses Archiv bei den Abmahnern aber noch nicht besonders bekannt ist, habe ich bisher auch noch nicht erlebt, dass sie sich mit diesem Argument auf einen Verstoß gegen die Unterlassungsverpflichtung berufen haben. Zwar müsste man grundsätzlich davon ausgehen, dass etwas Unmögliches wie die

Löschung dort nicht verlangt wird, auch nicht von einem Gericht. Leider ist es jedoch so, dass nicht jedes Landgericht in Internetthemen fit ist. Dies haben wir ja beispielsweise auch bei der Thematik Double-Opt-In gesehen.

Zurück zur Abmahnung. Eine Abmahnung erteilt ein Rechtsanwalt. Das bedeutet, dass dies zunächst eine rein einseitige Aktion des Abmahners ist. Es bedeutet nicht, dass tatsächlich alles, was dort geschrieben wird, stimmt, und auch nicht, dass die rechtlichen Schlussfolgerungen korrekt sind. Um es noch einmal zu wiederholen: Jeder kann jedem eine Abmahnung schicken und wird auch sicher einen Anwalt finden, der dies für ihn tut. Ein Beispiel dafür ist nicht zuletzt der „Red-Tube-Skandal". Hier hat eine Gesellschaft, die sich der Rechte an diversen Pornofilmchen rühmte, Nutzer des Pornoportals Red Tube abgemahnt, weil diese besagte Filmchen gestreamt haben sollen. Nun ist es rechtlich äußerst umstritten, ob hier überhaupt ein Rechtsverstoß vorliegt. Das Landgericht Köln hat jedoch „einfach so" zunächst mitgemacht. Erwähnte ich schon, dass Internetthemen bei Gericht manchmal merkwürdig behandelt werden? Jedenfalls erhielten die armen ertappten Nutzer nicht nur eine Abmahnung, sondern dieser war sogar ein gerichtlicher Beschluss beigefügt, mit dem das Landgericht Köln die Herausgabe der Daten der streamenden Internetnutzer an den Abmahner freigab. Nach einem erheblichen Aufstand im Netz und entsprechenden Gerichtsverfahren zum Thema hatte der Abmahner mit seiner Aktion jedoch keinen Erfolg. Andererseits steht zu befürchten, dass eine Vielzahl an Abgemahnten aus Angst und Scham gezahlt hat, sodass sich die Angelegenheit wohl trotzdem gelohnt haben dürfte. Was ich in dem Zusammenhang auch beobachtet habe, war, dass sich verschiedene Internetkriminelle an den Hype der Red-Tube-Abmahnungen angehängt haben und hier wieder (angebliche) Abmahnungs-E-Mails mit Schadsoftware versandt haben. Noch Kreativere haben einfach irgendwelche Internetnutzer bzw. Seitenbetreiber angeschrieben und behauptet, diese hätten ebenfalls Red Tube genutzt und müssten daher eine Summe X an Schadenersatz und Anwaltskosten zahlen. Man muss es kaum erwähnen, dass hier selbstverständlich weder eine Anwaltskanzlei tätig geworden war noch ein Rechtsverstoß vorlag, und die Leute auch nicht auf Red Tube erwischt worden waren (möglicherweise haben sie das Portal genutzt, dies hat aber mit der E-Mail nichts zu tun). Daher nochmals der Hinweis: Abmahnungen per E-Mail, auch und insbesondere solche im Zusammenhang mit gerade im Internet diskutierten Hypes, bitte sofort löschen.

Aber auch bei richtigen Anwalts-Abmahnungen bedeutet der reine Erhalt der Abmahnung noch nicht, dass Sie die Unterlassungserklärung unterschreiben und den geforderten Betrag in vollem Umfang zahlen müssen. Zunächst einmal heißt es in Ruhe durchatmen und das Dokument genau ansehen.

Reaktion auf eine Abmahnung

Um die Reaktion auf eine Abmahnung zu klären, bitte folgende Fragen beantworten:

1. Stimmt der Sachverhalt? Habe ich die fraglichen Begriffe/Bilder/Fotos tatsächlich auf meiner Webseite bzw. stimmt die geschilderte „Geschichte"?
2. Liegt hierin tatsächlich eine Rechtsverletzung?

In vielen Fällen ist dies klar. Falls nicht, zu

diesem Punkt unbedingt anwaltliche Hilfe in Anspruch nehmen. Ich weiß, es ist verführerisch, das Thema zunächst einmal zu „googlen" und dann die Angelegenheit selbst zusammenzubauen. Es spricht auch nichts dagegen, einmal zu schauen. Wenn sich eine klare Antwort auf einer verlässlichen Seite findet, kann die Sache auch möglicherweise ohne Anwalt geregelt werden. Es bleibt jedoch das Risiko, sich zu verkalkulieren und am Ende nicht wie erhofft die Anwaltskosten zu sparen und die Angelegenheit elegant zu erledigen – sondern eine einstweilige Verfügung zu kassieren, die einen sehr viel mehr Geld kostet, als man im ersten Schritt gespart hat. Hier gilt es also genau abzuwägen und nach der eigenen Risikobereitschaft zu entscheiden.

Bleibt die Unterlassungserklärung als solche. Wenn wirklich etwas aus rechtlicher Sicht danebengegangen ist, muss eine

Unterlassungserklärung abgegeben werden, wenn man verhindern will, dass die Gegenseite eine einstweilige Verfügung beantragt (und dann auch bekommt). Zu den Einzelheiten des einstweiligen Verfügungsverfahrens komme ich im nächsten Kapitel. Hier nur so viel: Es handelt sich um ein Schnellverfahren vor Gericht, bei dem das Gericht auch ohne den Antragsgegner anzuhören eine sofort wirksame und vollstreckbare Entscheidung erlassen kann. Es kann einem also passieren, dass der Gerichtsvollzieher mit einer solchen einstweiligen Anordnung vor der Tür steht, einem diese zustellt und sie dann ab sofort gilt, ohne dass man vorher von der Angelegenheit je etwas gehört hätte. Zwischen Unterlassungserklärung und Unterlassungsverfügung des Gerichts besteht aber ein ganz entscheidender Unterschied. Bei Verstoß zahlt man bei der Unterlassungserklärung an die Gegenpartei, bei der einstweiligen Verfügung ein

Ordnungsgeld an die Staatskasse. Die Höhe des Strafbetrages richtet sich bei der Unterlassungserklärung nach den vertraglichen Vereinbarungen, beim Ordnungsgeld legt das Gericht sie fest. Ob an den Gegner oder an das Gericht gezahlt wird, macht nicht nur einen psychologischen Unterschied. Ich jedenfalls würde deutlich lieber an den Staat zahlen als an jemanden, der mich erfolgreich abgemahnt hat... Es führt aber auch dazu, dass meistens die Gegenseite sehr viel weniger motiviert ist, ein Ordnungsgeld durchzusetzen als eine Vertragsstrafe. Bei einem Ordnungsgeldantrag ist schließlich für den Gegner nichts zu gewinnen. Selbst wenn er mit dem Antrag Erfolg hat, geht er mit null Euro nach Hause, und wenn der Antrag aus irgendeinem Grund abgelehnt oder ein geringeres Ordnungsgeld verhängt wird, kann er sogar noch auf Kosten sitzen bleiben. Da macht natürlich das Einklagen einer Vertragsstrafe mehr Spaß, wo der

Abmahner das Geld behalten darf. Dies kann durchaus bei der Entscheidung, ob eine Unterlassungserklärung abgegeben werden soll, taktisch eine Rolle spielen.

Wichtig ist beim Thema Unterlassungserklärung auch, dass man als Abgemahnter nicht verpflichtet ist, das meist beiliegende Formular zu unterzeichnen und zurückzusenden – dies ist lediglich ein Vorschlag seitens des Abmahners. Und wie dies mit einseitigen Vorschlägen so ist, ist die erwünschte Unterlassungserklärung meist sehr weitgehend formuliert – oft über das hinaus, was aus rechtlichen Gründen abgegeben werden müsste. Daher muss dieser Punkt ganz besonders sorgfältig geprüft und gegebenenfalls auch mit anwaltlicher Hilfe bewertet werden. Denn eine Unterlassungserklärung muss man nur für das abgeben, was tatsächlich vorgefallen ist. Beliebt bei Abmahnanwälten ist, in die Unterlassungserklärung auch gleich eine

Übernahmeverpflichtung für die Anwaltskosten aufzunehmen. Dies ist rechtlich nicht geboten, muss also nicht unterschrieben und erklärt werden. Dies gilt insbesondere, wenn im Hinblick auf den Streitwert, den der Anwalt zugrunde gelegt hat, Diskussionsbedarf besteht. Denn häufig wird der Streitwert für eine Abmahnung recht hoch angesetzt – was in hohen Anwaltsgebühren resultiert.

Grundsätzlich ist es richtig, dass bei einer berechtigten Abmahnung Anwaltskosten zu erstatten sind – wie bereits ausgeführt, hat der Anwalt ja rechtlich gesehen im Interesse des Abgemahnten gehandelt und kann daher seine Gebühren verlangen. Allerdings nur die, die tatsächlich angefallen sind, von einem korrekten Streitwert aus berechnet.

Wenn eine Abmahnung grundsätzlich oder möglicherweise berechtigt ist, kann man überlegen, aus taktischen Gründen die

Unterlassungserklärung abzugeben – damit ist der Unterlassungsantrag, der grundsätzlich einen erheblichen Streitwert hat, erledigt. Er kann also nicht mehr im Wege eines einstweiligen Verfügungsverfahrens oder auch einer Hauptsacheklage vor Gericht gebracht werden. Wenn man nun die Anwaltskosten nicht zahlt, besteht zwar die Möglichkeit, dass die Gegenseite diese einklagt. Bei einer solchen Klage wäre der Streitwert aber nur die Höhe der Anwaltskosten – was oft für Abmahner uninteressant ist. Darüber hinaus hat der Abmahner auch in diesem „kleinen" Prozess die volle Darlegungs- und Beweislast im Hinblick auf die Berechtigung der Abmahnung. Dies schreckt Abmahner oft davon ab, diese Anwaltskosten einzuklagen. Hinzu kommt, dass dann auch dargelegt und bewiesen werden muss, dass die Kosten an den Anwalt gezahlt wurden. Auch hier ist es schon vorgekommen, dass gerade bei einer Massenabmahnung der

Auftraggeber dem Anwalt nicht für sämtliche Abmahnungen die Kosten gemäß Rechtsanwaltsvergütungsgesetz tatsächlich bezahlt hat (was er durchaus müsste). Wenn man diesen Mittelweg wählt – Unterlassungserklärung abgeben, aber die Anwaltskosten nicht zahlen – ist es wichtig, die Unterlassungserklärung dahingehend zu modifizieren, dass man sich nicht verpflichtet, die Anwaltskosten zu zahlen (diesen Absatz streichen) und dass die Erklärung ohne Anerkennung einer Rechtspflicht, gleichwohl rechtsverbindlich abgegeben wird. Es ist üblich, das so zu machen, um kein „Schuldanerkenntnis" zu schaffen.

Eine sehr kreative Form der Umformulierung einer Unterlassungserklärung ist mir einmal seitens eines Münchener Gegners serviert worden: Ich mahne eher selten ab, typischerweise sind meine Mandanten diejenigen, die eine Abmahnung „gefangen" haben, aber in diesem Fall war es einmal so herum. Der Kollege gab auf meine – berechtigte – Abmahnung eine Unterlassungserklärung ab, die er unter die Bedingung stellte, dass ein Gericht die Rechtswidrigkeit des gerügten Verhaltens allgemein feststelle. So dachte sich der Kollege aus dem Problem der möglichen Berechtigung der Abmahnung herauszuwinden und die Entscheidung darüber, ob tatsächlich ein Rechtsverstoß vorliegt oder nicht, auf das mögliche Vertragsstrafenverfahren vor Gericht zu verschieben. Es kam, wie es kommen musste: Die Gegenseite verstieß gegen die Unterlassungserklärung. Ich machte daher eine Vertragsstrafenklage vor dem Landgericht München anhängig und dort fand die kreative Lösung der Gegenseite wenig Verständnis. Das Abmahnungsverfahren dient gerade dazu, Rechtssicherheit zu schaffen und einen Prozess um die Berechtigung der Abmahnung zu vermeiden sowie dem

Abgemahnten Gelegenheit zu geben, eine verbindliche Unterlassungserklärung abzugeben. Dem wurde natürlich die „weiche Variante" des Kollegen nicht gerecht. Daher verurteilte das Landgericht München seinen Mandanten dazu, die Vertragsstrafe zu zahlen – ohne sich damit zu beschäftigen, ob die Abmahnung möglicherweise berechtigt war. Auf einen solchen kreativen Trick kann man daher verzichten. Was hingegen aufgenommen werden sollte, ist, dass die Unterlassungserklärung unter der Bedingung der Änderung der höchstrichterlichen Rechtsprechung oder der Gesetzeslage steht. Dies erspart einem das Problem, dass ein solcher Unterlassungsvertrag dauerhaft bindet – unabhängig davon, ob möglicherweise der Gesetzgeber das beanstandete Verhalten später legalisieren sollte. Es gibt zwar die Möglichkeit, auch Unterlassungsverträge zu kündigen – dies ist aber unnötig kompliziert.

Die vorformulierte Unterlassungserklärung, die der Abmahner mitübersendet, ist rechtlich das Angebot auf Abschluss eines Unterlassungsvertrages. Sendet man diese unterzeichnet zurück, ist damit ein Vertrag zu diesen Bedingungen zustande gekommen und man ist vertraglich verpflichtet, bei einem erneuten Verstoß die versprochene Vertragsstrafe zu zahlen. Interessant wird dieses Thema, wenn ich – wie meistens – die Unterlassungserklärung etwas umformuliere und einschränke oder unter Bedingungen stelle. Damit habe ich das Angebot der Gegenseite nicht angenommen, sondern mein eigenes gemacht. Hieraus wird nur dann ein wirksamer Vertrag, wenn die Gegenseite nochmals schreibt und dieses Angebot annimmt. Vergisst der Abmahnende dies, ist kein wirksamer Vertragsstrafenvertrag zustande gekommen und der Abmahner wird kein Glück haben, wenn er versucht, bei einem erneuten Verstoß eine Vertragsstrafe durchzusetzen. Diese kann nur auf der Basis eines Vertrages eingefordert werden. Wer also auf seine modifizierte Unterlassungserklärung keine Antwort erhält, hat noch einmal Glück gehabt.

Ein letzter Punkt ist die Höhe der geforderten Vertragsstrafe. Es besteht die Möglichkeit, dass der Abmahner eine angemessene Vertragsstrafe fordert und diese nach eigenem Ermessen festlegt, wobei die Höhe vom zuständigen Gericht geprüft werden kann. Diese Konstruktion heißt „Neuer Hamburger Brauch" und hiermit kann der Unterlassungsanspruch erfüllt werden. Dies kann einerseits der Abmahnende fordern (wobei es auch reichen würde, wenn ich als Antwort eine bezifferte, angemessene Vertragsstrafe anbiete – auch hier muss natürlich die Änderung angenommen werden). Ich kann andererseits aber auf eine Abmahnung, bei der eine bezifferte Vertragsstrafe gefordert wird, auch eine solche Unterlassungserklärung nach „Neuem Hamburger Brauch" anbieten. Dies ist durchaus sinnvoll, da dann bei einer möglichen Vertragsstrafe nicht der Pauschalbetrag anfällt, sondern hier letztlich das Gericht entscheidet. Nochmal zur Klarstellung: Ein wirksamer Unterlassungsvertrag kommt nur zustande, wenn es eine Einigung gibt. Reagiert der Abmahner auf ein Gegenangebot, das von seiner Forderung abweicht, nicht, gibt es keinen solchen Vertrag – und der Abgemahnte hat Glück gehabt und muss keine Vertragsstrafe zahlen, wenn der Abmahner ihn nochmal mit demselben Rechtsverstoß erwischt.

Üblicherweise wird bei Abmahnungen zwischen Unternehmen eine Vertragsstrafe von knapp über 5.000 Euro vereinbart.

Hintergrund ist, dass bei Streitwerten von über 5.000 Euro das Landgericht zuständig ist, darunter das Amtsgericht. Amtsgerichte haben mit diesen Fragen rund um Internetrecht, Urheberrecht und Wettbewerbsrecht im üblichen Fall nichts zu tun, sodass man mit diesen Fragen lieber zum Landgericht möchte. Aber auch dort habe ich schon erhebliche Überraschungen im Hinblick auf das Verständnis von Internet erlebt.

Wenn man sich hingegen entscheidet, auf die Abmahnung zu reagieren und nicht stattdessen einfach abzuwarten, was die Gegenseite tut, sollte man die in der Abmahnung gesetzte Frist auf jeden Fall einhalten. Jedenfalls sollte in diesem Zeitrahmen eine Bitte um Fristverlängerung eingehen, idealerweise auch bereits die (modifizierte) Unterlassungserklärung, falls man sich zu ihrer Abgabe entschließt. Hintergrund ist, dass – auch wenn es sich bei der Fristsetzung um eine rein private Frist der Gegenseite handelt – diese nach Fristablauf beim Gericht einen Antrag auf Erlass einer einstweiligen Verfügung stellen kann. Das muss zwar nicht dramatisch sein, sollte aber besser eine bewusste Entscheidung sein.

Einstweiliges Verfügungsverfahren

Bei den Zivilgerichten gibt es zwei Verfahrensarten: Das einstweilige Verfügungsverfahren sowie das „normale" Hauptsacheverfahren. Beim einstweiligen Verfügungsverfahren handelt es sich um ein Eilverfahren – und diesen Namen verdient es wirklich. Hier kann im Notfall binnen Tagen eine Entscheidung des Gerichts ergehen. Dieses Verfahren ist jedoch nur eine summarische Prüfung mit eingeschränkten Beweismitteln. Da bei den Internetthemen meistens alles gut dokumentiert ist, reicht dies aber üblicherweise. Außerdem muss ein Grund zur besonderen Eilbedürftigkeit gegeben sein – oder das Gesetz muss auf einen solchen ausdrücklich verzichten. Letzteres ist im Bereich des Wettbewerbsrechts (UWG) so. Hier muss keine Eilbedürftigkeit nachgewiesen werden, sondern es kann in jedem Fall das Eilverfahren genutzt werden. Eine weitere Besonderheit des einstweiligen Verfügungsverfahrens besteht darin, dass hier nur eine vorläufige Regelung getroffen wird. Das heißt, dass nach einem halben Jahr eine Entscheidung ansteht: Entweder erkennt derjenige, gegen den eine einstweilige Verfügung ergangen ist, diese als endgültige Regelung an. Dann ist die Angelegenheit abschließend erledigt und die einstweilige Verfügung erhält Dauergeltung. Tut er dies nicht, so muss der Gewinner des einstweiligen Verfügungsverfahrens Hauptsacheklage erheben, wenn er die Regelung, die für ihn eher günstig ist, beibehalten möchte. Findige Anwälte notieren sich diese 6-Monats-Frist gleich nach Gewinn einer einstweiligen Verfügung im Kalender. So können sie der Gegenseite – wenn diese die Frist versäumt, also nicht von sich aus erklärt, die einstweilige Verfügung anzuerkennen – noch ein Aufforderungsschreiben schicken. Das klingt zunächst nach gutem Service, hat aber einen Nachteil: Es ist noch mal gesondert kostenpflichtig. Da man auf eine solche teure Erinnerung verzichten kann, sollte man, nachdem man eine einstweilige Verfügung erhalten hat, überlegen, wie man mit dem Sachverhalt weiter umgehen will.

In den meisten Fällen spielen sich diese einstweilige Verfügungsverfahren vor den Landgerichten ab. Dies ist dann der Fall, wenn der Streitwert über 5.000 Euro liegt. Der Streitwert ist nicht etwas, das bezahlt werden muss: Hierbei handelt es sich nur um einen Wert, der zur Berechnung von Anwalts- und Gerichtsgebühren herangezogen wird und der – wenn es sich nicht gerade um eine Zahlungsklage handelt, bei der sich der Wert logisch ergibt – nach dem Interesse des Klägers geschätzt wird. Hier liegen nach der Rechtsprechung gerade die Streitwerte für Unterlassungsansprüche im Urheber- und Wettbewerbsrecht ganz erheblich hoch. Dies ist der Grund, warum man sich – auch wenn die Rechtslage nicht ganz eindeutig ist – im Falle einer Abmahnung durchaus überlegen kann, eine modifizierte Unterlassungserklärung ohne Anerkennung der Rechtspflicht, gleichwohl rechtsverbindlich, abzugeben, um den teuren Unterlassungsanspruch zu erfüllen und damit aus der Angelegenheit die Luft herauszulassen. Bei diesem Verfahren muss man lediglich aufpassen, keine weiteren solchen Handlungen zu begehen, da dann die Vertragsstrafe droht. Oft sind dies allerdings Sachen, die man durchaus vermeiden kann (z.B. Tauschbörsennutzung hinsichtlich eines bestimmten Musikstücks bzw. eine bestimmte Werbeaussage oder das Fehlen eines Impressums). Spielt sich ein solches Hauptsacheverfahren vor dem Landgericht ab, besteht Anwaltszwang. Dies bedeutet, dass sowohl der Kläger als auch der Beklagte einen Anwalt beauftragen müssen, wenn sie den Prozess führen. Dies ist aus Anwaltssicht erstmal eine tolle Sache (Mandate!). Für Sie als Webseitenbetreiber heißt das, dass Sie – wenn Sie vom Landgericht Post bekommen – auf jeden Fall einen Anwalt brauchen. Oft ist dies aber in diesen Verfahren auch durchaus sinnvoll, da auch eine Menge formaler Dinge zu beachten sind, auf die man als normaler Mensch nicht kommt. So ist etwa eine einstweilige Verfügung auf Unterlassung, die ich gegen einen anderen erzielt habe (beispielsweise, weil dieser beleidigende Texte veröffentlicht hat) nur dann wirksam, wenn ich ihm diese Verfügung nochmals zustelle. Dies muss ich selbst dann tun, wenn die Gegenseite über die Sachlage und über das gerichtliche Verbot bestens informiert ist, beispielsweise, weil ein Gerichtstermin in der Angelegenheit stattgefunden hat und möglicherweise das dort gesprochene Urteil sogar vom Gericht dem Gegner zugestellt wurde. Reine Formalität, aber nicht zu ändern. Auf solche Dinge achtet der eigene Anwalt (sollte er jedenfalls).

Wie bereits kurz erwähnt, gibt es bei der einstweiligen Verfügung zwei unterschiedliche Typen: Die Beschlussverfügung und die Urteilsverfügung. Die Beschlussverfügung wird vom Gericht erlassen, ohne dass es die Gegenseite anhört. Es entscheidet allein aufgrund des Antrages des Abmahners. Kann dieser also seinen Anspruch gut belegen und rechtlich begründen, erfahre ich als Betroffene von dem Verfahren erst dann, wenn der Gerichtsvollzieher bei mir vor der

Tür steht und mir die einstweilige Verfügung zustellt. Stopp – gerade wurde doch behauptet, dass die Verfügung erst wirksam wird, wenn die Gegenseite sie zustellt? Stimmt auch: Die Gegenseite kann diese Zustellung nicht selber machen, sondern muss hierfür den Gerichtsvollzieher schicken. Wenn also ein solcher Gerichtsvollzieher vor der Tür steht, ist dies eine Parteizustellung der Gegenseite, mit der ich eine solche Beschlussverfügung erhalte.

Das heißt aber nicht, dass damit die Angelegenheit abschließend erledigt wäre. Man hat die Möglichkeit, gegen diese Beschlussverfügung Widerspruch einzulegen. Daraufhin wird sehr zeitnah (wenige Tage) ein Gerichtstermin festgelegt, in dem die Sache im Rahmen des einstweiligen Verfügungsverfahrens geklärt und ausgestritten wird und darüber entschieden wird, ob der Beschluss aufrechterhalten bleibt. Die Erfahrung zeigt jedoch, dass die Richter nur in den seltensten Fällen hier ihre Meinung ändern. Hierauf hat man nur dann eine Chance, wenn man den Sachverhalt ganz erheblich anders darstellen und dies im Notfall beweisen kann. Bei seinen rechtlichen Wertungen bleibt der Richter üblicherweise (muss er aber nicht). Dennoch kann sich ein solcher Widerspruch lohnen – immerhin gibt es auch im einstweiligen Verfügungsverfahren die Möglichkeit der Berufung. Danach ist die Angelegenheit allerdings zu Ende. Zum Oberlandesgericht oder Bundesgerichtshof kommt man nur mit dem Hauptsacheverfahren. Wenn ich es aber trotz Verlust der Berufung „wissen will", kann ich auch als Beklagter das Hauptsacheverfahren starten.

Die andere Form der einstweiligen Verfügung ist die Urteilsverfügung. Dies bedeutet, dass das Gericht nicht gleich eine

Entscheidung erlässt, sondern einen Termin bestimmt und die Gegenseite informiert. Diese kann sich nun schriftlich äußern. Sodann wird die Sache im Termin diskutiert und dann vom Gericht entschieden. Dem Gericht steht es frei, welche Form des Verfahrens es wählt. Die Beschlussverfügung wird es dann wählen, wenn die Angelegenheit klar erscheint und klar belegt ist.

Der einstweilige Rechtsschutz (einstweiliges Verfügungsverfahren) gehört zu den effektivsten Mitteln, die das Recht zur Verfügung stellt. So kann eine dringende Angelegenheit im Normalfall binnen weniger Tage vor ein Gericht und entschieden werden. Oft gelingt es auch, in diesen Terminen eine abschließende Regelung per Vergleich (Einigung mit der Gegenseite auf Vermittlung des Gerichts) zu erzielen. Auch kann ich so umgehend für mich belastende Inhalte aus dem Netz herausbekommen. In der praktischen Wirkung ist das einstweilige Verfügungsverfahren erfahrungsgemäß sogar dem Strafrecht (Strafanzeige) bei Weitem überlegen. Dies einmal deshalb, weil es schnelle Entscheidung ermöglicht – aber auch dadurch, weil man hier der Gegenseite, die sich rechtswidrig verhält, ganz erhebliche Kosten aufbürden kann – die die Höhe einer zu erwartenden Geldstrafe im Strafverfahren oft übersteigen –, wenn denn überhaupt mal Anklage erhoben wird und eine Verurteilung der Gegenseite erfolgen könnte. Das einstweilige Verfügungsverfahren ist also ein scharfes Schwert.

Hauptsacheverfahren

Wenn es ein vorläufiges Verfahren gibt, gibt es natürlich auch ein endgültiges Verfahren. Das Hauptsacheverfahren kann auch ohne ein einstweiliges Verfügungsverfahren stattfinden. Dies ist sogar in den meisten

Fällen so. Das einstweilige Verfügungsverfahren ist eine Ausnahme für ganz besonders eilige Sachen.

Und was kostet der Spaß? Zu den Gerichts- und Anwaltskosten gibt es gesetzliche Regelungen und umfangreiche Tabellen. Für den Normalfall gilt: Wenn das Gericht am Ende ein Urteil erlässt, werden drei Gerichtsgebühren, die aufgrund der Tabelle ermittelt werden, fällig. Außerdem erhebt der Anwalt jeder Seite eine 1,3-Verfahrens- und eine 1,2-Terminsgebühr. So über den Daumen kann man bei einem Streitwert von 50.000 Euro beim Prozessverlust in einer Instanz mit Kosten von 9.500 EUR rechnen; bei einem Streitwert von 10.000 Euro mit 4.500 EUR. Wen dieses Thema interessiert: Es gibt Prozesskostenrechner, z.B. vom Anwaltverein, mit denen man dies mit verschiedenen Streitwerten für alle Instanzen durchspielen kann. Die genannten Summen zeigen bereits, dass ein vermiedenes Verfahren wegen einer – praktisch doch meist unbedeutenden – Rechtsverletzung grundsätzlich erst einmal ein gutes Verfahren ist. Bereits in 1. Instanz dauert ein Hauptsacheverfahren meist ein halbes bis ein dreiviertel Jahr. Es findet mindestens ein Termin statt. Kommt es zu einer Beweisaufnahme, können es auch mehrere Termine sein. An den Terminen teilnehmen muss man als Kläger/Beklagter nur dann, wenn das Gericht eine besondere persönliche Ladung ausgesprochen hat. Ansonsten genügt, wenn der eigene Anwalt (der aufgrund des Anwaltszwangs sowieso dabei sein muss) den Termin wahrnimmt. Auch die Schriftsätze muss der Anwalt an das Gericht senden. So verrückt es klingt: Vor dem Landgericht wird das, was eine Partei persönlich vorträgt, streng prozessordnungsmäßig gesehen, gar nicht zur Kenntnis genommen. Hier ist also der Anwalt der Dreh- und Angelpunkt.

Anders ist dies bei den Amtsgerichten, wo Sie als Partei den Prozess auch selber führen können. Dies empfiehlt sich jedoch nur bei sehr einfachen und übersichtlichen Angelegenheiten. Auch hier wird es schnell teuer, wenn man an der falschen Stelle spart.

Als Webseiteninhaber wird man im Wesentlichen mit dem Zivilrecht zu tun haben. Auch wenn einzelne Tatbestände auch strafrechtliche Relevanz haben können, wie beispielsweise Urheberrechtsverstöße, spielt das Strafrecht in meiner Erfahrung eine sehr untergeordnete Rolle: Maximal wird mit Strafanzeigen gedroht, gelegentlich auch einmal eine solche eingereicht. Praktisch kommt dabei erfahrungsgemäß recht wenig heraus – auch wenn die psychologische Wirkung manchmal durchschlagend ist. Gelegentlich gelingt es, mit dem Hinweis auf ein Strafverfahren eine „CopyCat", die

Texte, Bilder oder Videos geklaut hat, zur Raison zu bringen und eine vernünftige Einigung zu erzielen. Nach meiner Erfahrung bewährt es sich, Gerichtsverfahren und allgemein rechtliche Angelegenheiten konstruktiv zu führen. Natürlich kann man auch auf dem (in dem Moment gefühlten) Recht bestehen und aus Prinzip die Angelegenheit bis zur letzten Instanz treiben. Allerdings ist hier nicht immer klar voraussehbar, wie die Sache enden wird – und jedes Verfahren kostet Geld, Zeit und Nerven und stellt für den Betroffenen oft nur eine „Vergangenheitsbewältigung" dar, die ihn von seinen eigentlichen Tätigkeiten wie dem Geldverdienen abhält. Aus diesem Grund sind klug verhandelte Einigungen oft unter dem Strich die bessere Lösung. Dies bedeutet natürlich nicht, dass – insbesondere bei uneinsichtigen Gegnern – nicht auch einmal „klare Kante" gefragt ist. Hier gilt, wie fast überall sonst im Leben auch, dass man die eigenen Prioritäten nicht aus dem Blick verlieren darf. Oder, wie es Churchill zugeschrieben wird: Wer stehen bleibt, um jedem bellenden Hund Steine nachzuwerfen, kommt nicht voran. Um im Bild zu bleiben: Man sollte sich seine Zeit und Steine für gezielte, scharfe Würfe auf die tatsächlich entscheidenden Hunde aufheben. (Der Vollständigkeit halber: Es handelt sich selbstverständlich nur um metaphorische Hunde und Steine.)

Hat man seine prozessuale Reise – wie meistens – beim Landgericht begonnen, besteht bei Überschreiten einer gewissen Mindestschwelle die Möglichkeit, Berufung zum Oberlandesgericht einzulegen. Ist man mit dem Urteil dort immer noch nicht zufrieden, kann man – bei einer Streitwertschwelle von 20.000 Euro – unter bestimmten Voraussetzungen zum Bundesgerichtshof. Diese Voraussetzungen sind im Wesentlichen, dass das

Oberlandesgericht den Weg zum BGH freigibt. Dies muss es – und tut es meistens auch, wenn etwa die Angelegenheit grundsätzliche Bedeutung hat oder abweichende Rechtsprechung bei den Oberlandesgerichten besteht. Man kann aber beim Bundesgerichtshof auch beantragen, die fehlende Freigabe des Weges durch das Oberlandesgericht sozusagen zu ersetzen. Dies ist die sogenannte Nichtzulassungsbeschwerde (man beschwert sich also, weil der Weg zum BGH nicht zugelassen wurde). In diesem Verfahren geht es überhaupt nicht um die Sache, sondern allein um die Frage, ob der Weg zum BGH eröffnet wird. Dieses Verfahren hat extrem geringe Erfolgsquoten, ich möchte es aber der Vollständigkeit halber nicht unerwähnt lassen. Oft wird es auch taktisch eingesetzt, um Zeit zu gewinnen.

Vollstreckung

Bisher hat sich die ganze Angelegenheit im Wesentlichen darauf beschränkt, dass eine Menge Papier beschrieben wurde (bisher ist es tatsächlich noch im Wesentlichen Papier – es ist aber geplant, ab 2016 beginnend bis spätestens 2022 komplett den elektronischen Rechtsverkehr einzuführen). Was passiert aber, wenn die Entscheidung nicht freiwillig umgesetzt wird? In diesem Fall wird das Thema Zwangsvollstreckung aktuell. Man kann also die Gegenseite zwingen, sich an das Urteil zu halten. Haben Sie beispielsweise ein Urteil auf Zahlung erstritten – egal ob beim Amts- oder Landgericht – und die Gegenseite zahlt trotz höflicher Erinnerung nicht, können Sie das Urteil vollstrecken. Praktisch sieht dies so aus, dass Sie beispielsweise die Konten des Gegners pfänden oder den Gerichtsvollzieher mit einem Besuch beauftragen können, bei dem er nach Pfändbarem schaut. Letzteres ist allerdings erfahrungsgemäß eher unterdurchschnittlich erfolgreich – wer es so weit kommen lässt, dass vollstreckt wird, ist meistens „pfändungssicher" eingerichtet. Sehr viel größeren Erfolg haben Kontenpfändungen oder auch Lohnpfändungen bzw. Pfändungen von Ansprüchen, die der Prozessgegner aus seiner freiberuflichen Tätigkeit hat. Dies hat den doppelten Vorteil, dass man nicht nur an das Geld kommt, sondern auch die Vertragspartner des Gegners nachhaltig verärgert werden. Kein Arbeitgeber setzt sich gerne mit einer Lohnpfändung auseinander, auch Geschäftspartner haben wenig Lust, entsprechende Pfändungen zu bearbeiten. Schließlich bezahlt ihnen niemand den Aufwand.

Geht es um einen Unterlassungstitel, läuft die Vollstreckung etwas anders: Nehmen wir an, Sie haben gegen eine CopyCat ein Urteil erreicht, das die Veröffentlichung Ihres

Textes verbietet. Trotzdem steht dieser nach wie vor auf der Webseite Ihres Gegners. Nun können Sie beim Gericht die Verhängung eines Ordnungsgeldes beantragen. Dieses wird das Gericht festsetzen, wenn ein Verstoß gegen das Urteil vorlag. Das Ordnungsgeld kann wiederholt festgelegt werden – und die Gerichte reagieren recht ärgerlich, wenn nach dem ersten Mal keine Umsetzung des Urteils erfolgt. Kommt man bei einem Erstverstoß noch meist mit 2.000 bis 5.000 Euro Ordnungsgeld davon, sieht dies bei einem zweiten oder dritten Antrag meist ganz anders aus. Was ich in diesem Zusammenhang noch kurz erwähnen will, ist die Prozesskostenhilfe. Wer die Kosten für einen Rechtsstreit nicht aufbringen kann, kann auf Antrag einen Anwalt beigeordnet bekommen und auch bei den Gerichtskosten Unterstützung erhalten. Dass Recht haben und Recht bekommen nicht aus finanziellen Gründen zwei Dinge sein müssen, sollte in einem Sozialstaat selbstverständlich sein.

Wer eine Rechtsschutzversicherung hat, dürfte mit dem Thema Prozesskosten in vielen Fällen weniger Probleme haben. Allerdings erlebt man als Versicherungsnehmer häufig Überraschungen, was denn alles ausgeschlossen ist, wofür die Versicherung also die Kosten nicht übernimmt. Ganz vorne sind hier die ganzen Urheberrechtsthemen und Wettbewerbsthemen zu nennen. Gerade das, was im Internet besonders häufig auftritt, ist von Rechtsschutzversicherungen oft nicht erfasst.

Wie geht es weiter?

Fragen, Anmerkungen, Verbesserungsvorschläge? Fehlt ein Thema, das Ihnen wichtig ist? Bitte mitteilen, gerne an tischer@persad.de! Ich bemühe mich, die zweite Auflage noch besser zu machen als die erste.

Ich habe in diesem Buch auf die nach meiner Einschätzung häufigsten Rechtsprobleme, die im Zusammenhang mit einer Webseite auftauchen können, hingewiesen. Ein solches kleines Buch kann jedoch nie vollständig sein, es ergehen auch stets neue Urteile oder Gesetzesänderungen, möglicherweise haben Sie ja doch einen Punkt übersehen. Und dann ist es passiert. Eine Abmahnung liegt in Ihrem Briefkasten. Was nun? Was eine Abmahnung ist, was der "Spaß" kostet und was es für Möglichkeiten gibt, diese Kosten zu senken oder gar ganz zu vermeiden, habe ich in einem E-Book zu Abmahnungen dargestellt. Aber auch wer noch keine Abmahnung bekommen hat, aber durchblicken will bei der Thematik, kann in diesem Buch objektive und anwaltlich geprüfte Informationen bekommen.

Als ich an diesem Buch geschrieben habe, habe ich viele Unternehmerinnen und Unternehmer gefragt, was für sie zum Thema Webseite besonders relevant ist. Die Antworten sind in dieses Buch so gut, wie es mir möglich war, eingeflossen. Ein Punkt ist jedoch immer wieder angesprochen worden, der den Rahmen dieses Werkes jedoch völlig gesprengt hätte: E-Mail-Marketing. E-Mail-Marketing ist nach wie vor einer der besten Wege, mit Interessenten in Kontakt zu bleiben, ohne auf fremde Plattformen angewiesen zu sein. Beim E-Mail-Marketing gibt es jedoch eine Vielzahl rechtlicher Vorgaben. Aufgrund der vielen Fragen habe ich mich entschieden, ein E-Book zum Thema E-Mail-Marketing und Recht zu verfassen. Wenn Sie also E-Mail-Marketing ohne Rechts Stress betreiben wollen, können Sie in meinem E-Book zum Thema weiterlesen

Sie sind Blogger? Auch für Blogs gelten jede Menge Rechtsvorschriften. Und gibt es eine Vielzahl an Themen, die sich nicht auf die Webseite beschränken. Welche das sind und was Sie als Blogger rechtlich beachten müssen, können Sie in meinem E-Book Bloggen ohne Rechts-Stress erfahren.

Bitte daran denken!

Wenn Ihnen dieses Buch gefallen hat, können Sie zwei Dinge tun, um mitzuhelfen, dass auch andere Webseitenbetreiber und -gestalter davon erfahren:

#1: Sie können drei Leuten, die Sie kennen,

die ebenfalls eine Webseite haben, von diesem Buch erzählen und ihnen den Link zum kostenlosen E-Book www.christianetischer.de/website-gestalten/ geben. Oder gleich das ganze E-Book. Oder noch besser, erzählen Sie auch, dass es ein gedrucktes Buch gibt.

Vielleicht kennen Sie andere Menschen, die ebenfalls im Internet aktiv sind oder aktiv werden wollen und für die einige Informationen in diesem Buch nützlich sein können. Warum schreiben Sie ihnen nicht eine kurze Mail oder Textnachricht mit dem Buchtitel? Dauert nur wenige Sekunden und können Sie mit Ihrem Smartphone erledigen.

E-Mail oder Text: "Schaut euch "Webseiten gestalten ohne Rechts-Stress" von Christiane Tischer an! Hat mir gefallen und ich glaube, es bringt euch auch etwas. Ihr bekommt es kostenlos unter http://www.christianetischer.de/website-gestalten/ !"

Sie wissen ja: Ich freue mich, wenn möglichst viele Webseitenbetreiber dieses Buch und das zugehörige E-Book lesen. Weitergabe des unveränderten E-Books ist ausdrücklich erwünscht! Was ich nicht will und daher verbiete: Verkauf, Vermietung, jede andere kommerzielle Nutzung, Einsatz als "Freebie" oder sonstiges mit irgendwelchen Einschränkungen versehenes Anbieten zum Download, jede Veränderung des Textes, auch und insbesondere der Urhebervermerke.

#2: Sie können eine Rezension schreiben

Als unabhängige Autorin sind Rezensionen für mich besonders wichtig, um meine Werke bekannt zu machen. Mit Ihrer Rezension ermutigen Sie andere, dieses Buch zu lesen. Sie können dort (selbstverständlich) entscheiden, was Sie schreiben, aber hier sind ein paar Ideen:

- Was Ihnen an diesem Buch gefallen hat
- Ihr Lieblingskapitel/-thema in diesem Buch
- Drei Dinge, die Sie an Ihrer Homepage nun verändern oder worauf Sie achten werden
- Was Ihnen die Lektüre dieses Buches gebracht hat

Bitte schreiben Sie eine Rezension und helfen Sie so anderen, mehr Sicherheit im Umgang mit den rechtlichen Anforderungen zu bekommen. Bitte senden Sie mir Ihre Rezension gern auch per Mail an tischer@persad.de (das lese ich persönlich), damit ich mich bei Ihnen für Ihre Unterstützung bedanken kann. Ich freue mich besonders, wenn Sie mir auch schreiben, was für Sie das dringendste Problem im Bereich "Recht und Internet" ist – ich behandele Themenvorschläge gerne in meinem Podcast Legal Stuff, und erwähne natürlich den Ideengeber! Den Podcast können Sie über http://www.christianetischer.de hören, oder natürlich über iTunes oder Stitcher.

Herzlichen Dank für Ihre Unterstützung!

Seien Sie unter den ersten, die Bescheid wissen, wenn ich ein neues Buch veröffentliche!
Jetzt unter
www.christianetischer/neues-buch
eintragen und kein "Rechts-Stress"-Buch verpassen!

Über die Autorin

Dr. Christiane Tischer ist Rechtsanwältin und Partnerin bei Rechtsanwälte Kasper Knacke Partnerschaftsgesellschaft mbB. Sie berät seit 2008 Unternehmen hauptsächlich im IT-Recht sowie Wirtschaftsrecht und podcastet auch zu diesem Thema (LEGAL STUFF – Der RechtsPodcast für Gründer und Unternehmer – www.christianetischer.de, oder über iTunes und Stitcher). Sie vertritt Unternehmen der IT-Branche vom Startup bis zum Konzern. Neben Fragen von Lizenzbedingungen, Online-Marketing und Social Media bis hin zum IT-Outsourcing kümmert sie sich natürlich auch um grundlegende Themen wie rechtskonforme Homepages. Sie hat bereits ein Bestseller Nr. 1-E-Book in der Kategorie EDV- und Medienrecht veröffentlicht: Bloggen ohne Rechts-Stress. Das vorliegende Buch gibt es auch als E-Book.

Kontakt: Rechtsanwälte Kasper

Knacke Partnerschaftsgesellschaft mbB, Werfmershalde 22, 70190 Stuttgart, Telefon 0711 / 28 50 – 3, E-Mail tischer@kasperknacke.de

Mehr über die Autorin erfahren Sie hier: http://www.christianetischer.de/ueber-mich/

Copyright und weitere Infos

Die Ratschläge und Informationen in diesem Buch wurden sorgfältig recherchiert. Trotzdem kann eine Garantie oder Haftung nicht übernommen werden.

1. Auflage

Veröffentlicht von und verantwortlicher Herausgeber:
persad UG (haftungsbeschränkt), Gellertstraße 83, 74074 Heilbronn
Cover und Umschlag: James, goonwrite.com

<<<<>>>>

Printed in Poland
by Amazon Fulfillment
Poland Sp. z o.o., Wrocław

50548326R00162